Werner Hinrichs

AiB Betriebsrat-Stichwort

Rechte des Betriebsrats bei Kündigungen

Handlungshilfe für Betriebsräte zu § 102 BetrVG

12. Auflage

BUND VERLAG

Bibliografische Information der Deutschen Nationalbibliothek
Die Deutsche Nationalbibliothek verzeichnet diese Publikation in der Deutschen Nationalbibliografie; detaillierte bibliografische Daten sind im Internet über http://dnb.d-nb.de abrufbar.

12., überarbeitete und aktualisierte Auflage 2026

Umschlag: Neil McBeath, Stuttgart
Satz: Reemers Publishing Services GmbH, Krefeld
Druck: CPI books GmbH, Birkstraße 10, 25917 Leck

ISBN 978-3-7663-7667-1

kontakt@bund-verlag.de
www.bund-verlag.de

Inhalt

Abkürzungsverzeichnis

a. a. O.	am angegebenen Ort (Verweis auf das unmittelbar vorausgegangene Zitat)
Abs.	Absatz
AfA	Agentur für Arbeit
AiB	Arbeitsrecht im Betrieb (Zeitschrift)
BAG	Bundesarbeitsgericht
BBiG	Berufsbildungsgesetz
BEEG	Bundeselterngeld- und Elternzeitgesetz
BetrVG	Betriebsverfassungsgesetz
BGB	Bürgerliches Gesetzbuch
BVerfG	Bundesverfassungsgericht
bzw.	beziehungsweise
DDZ	Däubler/Deinert/Zwanziger (Hrsg.); Kündigungsschutzrecht; Kommentar für die Praxis; 12. Auflage; Frankfurt/Main 2024
d. h.	das heißt
DKW	Däubler/Klebe/Wedde (Hrsg.); BetrVG; Kommentar für die Praxis; 19. Auflage; Frankfurt/Main 2024
etc.	et cetera, und so weiter
EuGH	Europäischer Gerichtshof
evtl.	eventuell
f./ff.	folgende
Fitting	Fitting/Schmidt/Trebinger/Linsenmaier/Schelz; BetrVG; Handkommentar; 31. Auflage; München 2022
HAG	Heimarbeitsgesetz
HGB	Handelsgesetzbuch
InsO	Insolvenzordnung
i. S. d.	im Sinne des
i. V. m.	in Verbindung mit
KSchG	Kündigungsschutzgesetz
LAG	Landesarbeitsgericht
MuSchG	Mutterschutzgesetz
Nr.	Nummer
Nrn.	Nummern
NZA	Neue Zeitschrift für Arbeitsrecht
o. g.	oben genannt
Rn.	Randnummer/n
S.	Satz

s.	siehe
s. o.	siehe oben
SGB	Sozialgesetzbuch
SGB VI	Sozialgesetzbuch Sechstes Buch – Gesetzliche Rentenversicherung
SGB IX	Sozialgesetzbuch Neuntes Buch – Rehabilitation und Teilhabe von Menschen mit Behinderungen
TzBfG	Teilzeit- und Befristungsgesetz
v.	vom
vgl.	vergleiche
z. B.	zum Beispiel

Hinweise zur Vertiefung

Im Rahmen dieser Arbeitshilfe für Betriebsräte ist es nicht möglich, umfassend auf alle möglichen rechtlichen und tatsächlichen Fragestellungen einzugehen. Es wird deshalb empfohlen, bei Bedarf auf folgende Kommentare zurückzugreifen:

- Eine umfassende Darstellung des § 102 BetrVG findet sich im Kommentar von Däubler/Klebe/Wedde, BetrVG, 19. Auflage, Frankfurt/Main 2024 (Bund-Verlag).
- Eine kürzere Darstellung des § 102 BetrVG ist neben ausführlichen Erläuterungen des gesamten sonstigen Kündigungsschutzrechts in dem Praxiskommentar von Däubler/Deinert/Zwanziger, Kündigungsschutzrecht, enthalten (ebenfalls Bund-Verlag; 12. Auflage, Frankfurt/Main 2024).

Der Wortlaut des § 102 BetrVG

(1) Der Betriebsrat ist vor jeder Kündigung zu hören. Der Arbeitgeber hat ihm die Gründe für die Kündigung mitzuteilen. Eine ohne Anhörung des Betriebsrats ausgesprochene Kündigung ist unwirksam.

(2) Hat der Betriebsrat gegen eine ordentliche Kündigung Bedenken, so hat er diese unter Angabe der Gründe dem Arbeitgeber spätestens innerhalb einer Woche schriftlich mitzuteilen. Äußert er sich innerhalb dieser Frist nicht, gilt seine Zustimmung zur Kündigung als erteilt. Hat der Betriebsrat gegen eine außerordentliche Kündigung Bedenken, so hat er diese unter Angabe der Gründe dem Arbeitgeber unverzüglich, spätestens jedoch innerhalb von drei Tagen, schriftlich mitzuteilen. Der Betriebsrat soll, soweit dies erforderlich erscheint, vor seiner Stellungnahme den betroffenen Arbeitnehmer hören. § 99 Abs. 1 Satz 3 gilt entsprechend.

(3) Der Betriebsrat kann innerhalb der Frist des Absatzes 2 Satz 1 der ordentlichen Kündigung widersprechen, wenn

1. der Arbeitgeber bei der Auswahl des zu kündigenden Arbeitnehmers soziale Gesichtspunkte nicht oder nicht ausreichend berücksichtigt hat,
2. die Kündigung gegen eine Richtlinie nach § 95 verstößt,
3. der zu kündigende Arbeitnehmer an einem anderen Arbeitsplatz im selben Betrieb oder in einem anderen Betrieb des Unternehmens weiter beschäftigt werden kann,
4. die Weiterbeschäftigung des Arbeitnehmers nach zumutbaren Umschulungs- oder Fortbildungsmaßnahmen möglich ist oder
5. eine Weiterbeschäftigung des Arbeitnehmers unter geänderten Vertragsbedingungen möglich ist und der Arbeitnehmer sein Einverständnis hiermit erklärt hat.

(4) Kündigt der Arbeitgeber, obwohl der Betriebsrat nach Absatz 3 der Kündigung widersprochen hat, so hat er dem Arbeitnehmer mit der Kündigung eine Abschrift der Stellungnahme des Betriebsrats zuzuleiten.

(5) Hat der Betriebsrat einer ordentlichen Kündigung frist- und ordnungsgemäß widersprochen, und hat der Arbeitnehmer nach dem Kündigungsschutzgesetz Klage auf Feststellung erhoben, dass das Arbeitsverhältnis durch die Kündigung nicht aufgelöst ist, so muss der Arbeitgeber auf Verlangen des Arbeitnehmers diesen nach Ablauf der Kündigungsfrist bis zum rechtskräftigen Abschluss des

Rechtsstreits bei unveränderten Arbeitsbedingungen weiter beschäftigen. Auf Antrag des Arbeitgebers kann das Gericht ihn durch einstweilige Verfügung von der Verpflichtung zur Weiterbeschäftigung nach Satz 1 entbinden, wenn

1. die Klage des Arbeitnehmers keine hinreichende Aussicht auf Erfolg bietet oder mutwillig erscheint oder
2. die Weiterbeschäftigung des Arbeitnehmers zu einer unzumutbaren wirtschaftlichen Belastung des Arbeitgebers führen würde oder
3. der Widerspruch des Betriebsrats offensichtlich unbegründet war.

(6) Arbeitgeber und Betriebsrat können vereinbaren, dass Kündigungen der Zustimmung des Betriebsrats bedürfen und dass bei Meinungsverschiedenheiten über die Berechtigung der Nichterteilung der Zustimmung die Einigungsstelle entscheidet.

(7) Die Vorschriften über die Beteiligung des Betriebsrats nach dem Kündigungsschutzgesetz bleiben unberührt.

Vorbemerkungen

Die vorliegende Broschüre ist für Betriebsratsmitglieder bestimmt. Diese müssen sich nicht nur in Zeiten der massenhaften Arbeitsplatzvernichtung, sondern auch in »guten« Zeiten stets mit Kündigungsabsichten der Arbeitgeber auseinandersetzen.

Was soll die Broschüre leisten?

Gegenstand der Handlungshilfe ist die Beteiligung des Betriebsrats bei Kündigungen nach § 102 BetrVG. Nicht näher behandelt werden die Ursachen der Arbeitsplatzvernichtung sowie sonstige Beteiligungsrechte und Einflussmöglichkeiten für eine aktive Beschäftigungssicherung. Auch kann hier nicht das Individual-Kündigungsrecht breit dargestellt werden, weil dies den Umfang der Broschüre sprengen würde. Einige verwendete kündigungsrechtliche Begriffe werden im Anhang kurz erläutert. Es empfiehlt sich, die Erläuterungen zunächst zu lesen. Dies erleichtert das Verständnis des Textes. Im Anhang befindet sich auch ein Ablaufplan zum Verfahren, anhand dessen die einzelnen dargestellten Handlungsschritte verfolgt werden können.

Die vorgenommene Beschränkung auf § 102 BetrVG soll aber nicht vergessen lassen, dass der Betriebsrat sowohl im Vorfeld von Kündigungen, als auch im Nachhinein eine Reihe von weiteren Einflussmöglichkeiten hat, die unbedingt wahrzunehmen sind. Ist erst einmal die Kündigungsanhörung auf dem Tisch des Betriebsrats, so ist es häufig schon zu spät. Präventives Vorgehen ist erforderlich.

Ein präventives Vorgehen beginnt mit der ständigen Verfolgung der wirtschaftlichen Situation des Unternehmens und der sich daraus ergebenden Auswirkungen auf die Beschäftigung. Eigene Vorschläge des Betriebsrats zur aktiven Beschäftigungssicherung (z. B. Umstellung auf zukunftsträchtigere Produkte, Qualifizierungsmaßnahmen unter Inanspruchnahme von Mitteln der Arbeitsverwaltung, Abbau von Fremdbeschäftigten und Hereinnahme von Auftragsarbeiten) sind ebenso erforderlich, wie das beharrliche Verlangen einer vorausschauenden Personalplanung durch den Arbeitgeber. § 92a BetrVG bietet hierfür eine gesetzliche Grundlage. Die dort aufgeführten Alternativen zur Sicherung und Förderung von Beschäftigung eröffnen die Einflussnahme auf das Produktions- und Investitionsprogramm, auch wenn die Vorstellungen des Betriebsrats letztlich rechtlich nicht erzwingbar sind.

Begrenzte Rechte

Diese Hinweise sind im Einzelnen schwierig umzusetzen. Vor Überschätzung eigener Managementfähigkeiten ist ebenso zu warnen, wie vor Frustrationen infolge Nichtrealisierung qualifizierter Vorstellungen des Betriebsrats durch den Arbeitgeber. Es ist nun einmal leider so, dass bei den eigentlich ausschlaggebenden wirtschaftlichen Grundentscheidungen dem Betriebsrat kein Initiativrecht zur Seite steht, welches gegen den Widerstand des Arbeitgebers auch gerichtlich durchgesetzt werden könnte:

- In **wirtschaftlichen Angelegenheiten** bestehen nur Informations- und Beratungsrechte, jedoch keine Mitbestimmungsrechte (Ausnahme beim Sozialplan).
- **Personalplanung** kann der Betriebsrat nach § 92 BetrVG nur anregen, nicht erzwingen.
- **Beschäftigungssicherungsinitiativen** des Betriebsrats müssen nur beraten werden (§ 92a BetrVG).
- **Auswahlrichtlinien** für personelle Einzelmaßnahmen können nur in Großbetrieben nach § 95 Abs. 2 BetrVG gegen den Widerstand des Arbeitgebers durchgesetzt werden. Geht der Arbeitgeber aber in Betrieben mit bis zu 500 Arbeitnehmern bei Personalentscheidungen nach einem bestimmten Auswahlsystem vor, ohne dass dieses schriftlich niedergelegt ist, so praktiziert er eine Auswahlrichtlinie, wozu er auch in kleineren Betrieben die Zustimmung des Betriebsrats nach § 95 Abs. 1 BetrVG benötigt (Fitting, § 95 Rn. 9).
- Ob **berufsbildende Maßnahmen** angeboten werden, entscheidet im Konfliktfall aufgrund der beschränkten Einwirkungsmöglichkeiten des Betriebsrats nach den §§ 96–98 BetrVG nicht der Betriebsrat, sondern immer noch der Arbeitgeber,
- Mit dem von der Rechtsprechung (BAG, Beschluss v. 4.3.1986 – 1 ABR 15/84) zugebilligten Initiativrecht des Betriebsrats zur Einführung von **Kurzarbeit** kann zwar versucht werden, Kündigungen zu vermeiden. Das hilft aber im Regelfall nur begrenzt bei einem vorübergehenden Arbeitsmangel und hindert den Arbeitgeber nach der Rechtsprechung des BAG (s. Urteil v. 26.6.1997 – 2 AZR 494/96) nicht, Kündigungen auszusprechen. Zwar gibt die Einführung von Kurzarbeit ein Indiz für nur vorübergehenden Arbeitsmangel. Dieses Indiz kann der Arbeitgeber aber nach der oben genannten BAG-Entscheidung dadurch entkräften, dass er nachweist, dass eine Beschäftigungsmöglichkeit für einzelne von der Kurzarbeit betroffene Arbeitnehmer auf Dauer entfallen ist.
- Nimmt der Abbau eines Arbeitskräfteüberhangs das Ausmaß einer **Betriebsänderung** nach § 111 BetrVG an, so kann der Betriebsrat im Vorhinein auf die Zahl der Kündigungen über einen Interessenausgleich Einfluss zu nehmen versuchen (letztlich erzwingen kann er den Interessenausgleich allerdings nicht) und für die gleichwohl später Gekündigten Leistungen aus einem Sozialplan zum Ausgleich der wirtschaftlichen Nachteile durchsetzen.

Zu den begrenzten rechtlichen Handlungsmöglichkeiten gehört auch die **Beteiligung** des Betriebsrats **vor Ausspruch von Kündigungen.**

Zweck des § 102 BetrVG

Der **§ 102 BetrVG** hat eine **doppelte Schutzfunktion** – eine kollektivrechtliche (d.h. für die Belegschaft als Ganzes) und eine individualrechtliche (d.h. für einzelne Betroffene). Der Betriebsrat soll Einfluss auf die personelle Zusammensetzung der Belegschaft nehmen können. Weiter soll der individuelle Kündigungsschutz verstärkt werden.

Durch die Stellungnahme zur Kündigungsabsicht wirkt der Betriebsrat auf die endgültige Beschlussfassung des Arbeitgebers hinsichtlich der beabsichtigten Kündigung ein. Dabei geht es nicht nur um rechtliche Zulässigkeitsfragen, sondern auch um betriebspolitische Dinge (wie die Mobilisierung der Belegschaft, Öffentlichkeitsarbeit etc.). Die Handlungsmöglichkeiten nach § 102 BetrVG sind in sonstige rechtliche und tatsächliche Einflussmöglichkeiten des Betriebsrats einzubeziehen – etwa bei »Kopplungsgeschäften« mit Regelungen, bei denen der Arbeitgeber auf den Betriebsrat angewiesen ist (z.B. bei Entlohnungs- und Arbeitszeitfragen). Die Ausschöpfung der Beteiligungsrechte aus § 102 BetrVG ist eine wesentliche Voraussetzung für die Beschäftigungssicherung.

Keine Mitbestimmung

Entgegen dem Wortlaut der Überschrift beinhaltet der § 102 BetrVG **kein echtes Mitbestimmungsrecht,** wie etwa in § 87 oder § 99 BetrVG. Der Betriebsrat ist lediglich vor jeder Kündigung anzuhören und er kann gegen beabsichtigte Kündigungen Bedenken geltend machen und/oder widersprechen. Tut er das und kündigt der Arbeitgeber gleichwohl, so hat dies nicht die Rechtsunwirksamkeit der Kündigung zur Folge. Vielmehr müssen sich die von der Kündigung betroffenen Arbeitnehmer stets individuell gegen die Kündigung durch Erhebung einer Klage vor Gericht wehren (sie haben dafür nur drei Wochen ab Erhalt der Kündigung Zeit, s. § 4 und § 13 KSchG). Allerdings **verbessern** sich durch eine **qualifizierte Stellungnahme** des Betriebsrats die **Chancen** der von einer Kündigung Betroffenen auf tatsächliche **Weiterbeschäftigung** sowie auf einen **Erfolg** im arbeitsgerichtlichen **Kündigungsschutzprozess** erheblich. Nur ein ordnungsgemäßer Widerspruch des Betriebsrats verbessert die Rechtsstellung der gekündigten Arbeitnehmer.

Sorgfältig vorgehen

Von daher ist bei der Vorgehensweise des Betriebsrats große Sorgfalt erforderlich. Jede Unterlassung oder vorschnelle Handlung sowie jeder Fehler wirkt sich im Kampf um die Erhaltung von Arbeitsplätzen negativ aus. Es gilt, **Fehler** des **Arbeitgebers** zu **erkennen und eigene Fehler** zu vermeiden.

Noch ein letzter Hinweis vorab:
Die nachfolgenden **Handlungshinweise** sind vorwiegend **rechtlicher Art.** Betriebspolitische Empfehlungen (wie etwa: Niemals Kündigungen zustimmen.) erfolgen ebenfalls, stehen aber nicht im Vordergrund. Die Betriebsratsmitglieder – als Adressaten dieser Broschüre – wissen am besten selbst, welche außerjuristischen Instrumente für den Erhalt von Arbeitsplätzen zur Verfügung stehen und wie diese konkret im Einzelfall am erfolgreichsten eingesetzt werden können. Zur Unterstützung des Betriebsrats sind – dort wo es nötig erscheint – am Ende der jeweiligen Ausführungen Formulierungsvorschläge abgedruckt.

Gang der Darstellung

Im Folgenden werden
- als erstes die Informationspflichten des Arbeitgebers,
- sodann die vor einer Beschlussfassung des Betriebsrats notwendigen Vorbereitungshandlungen
- und schließlich die Anforderungen an sowie die Konsequenzen von ordnungsgemäßen Stellungnahmen des Betriebsrats beschrieben.

I. Die Anhörungspflichten des Arbeitgebers

Der Arbeitgeber hat den Betriebsrat vor jeder Kündigung zu hören. Diese in § 102 Abs. 1 Satz 1 BetrVG zwingend vorgesehene Anhörungspflicht betrifft alle **arbeitgeberseitigen Kündigungen** gegenüber Beschäftigten, welche unter das BetrVG fallen. Dies gilt auch für geplante Kündigungen von Heimarbeitern, obwohl sich diese nicht auf das KSchG berufen können (BAG v. 7.11.1995 – 9 AZR 268/94). Bei Leiharbeitnehmern ist der beim überlassenden Arbeitgeber gebildete Betriebsrat zu beteiligen (BAG v. 24.5.2018 – 2 AZR 54/18).

Ausgenommen von der Anhörungsnotwendigkeit sind Kündigungen von leitenden Angestellten nach § 5 Abs. 3 BetrVG (hier besteht lediglich eine Mitteilungspflicht nach § 105 BetrVG) sowie von Beschäftigten im öffentlichen Dienst (§ 130 BetrVG). Keiner Anhörung bedarf es in den Fällen, in denen der Betriebsrat die Entlassung vom Arbeitgeber verlangt hat, sei es wegen einer Betriebsstörung (§ 104 BetrVG) oder aus sonstigen Gründen (BAG v. 15.5.1997 – 2 AZR 519/96).

Anhörung vor jeder Kündigung

Die **Anhörungspflicht** besteht auch **außerhalb** des Anwendungsbereiches des **Kündigungsschutzgesetzes** sowie **unabhängig von** der **Art des Arbeitsverhältnisses,** also auch bei Probe- und Aushilfsarbeitsverhältnissen, bei Ausbildungsverhältnissen, bei geringfügiger Beschäftigung, bei einer Kündigung vor Vertragsantritt sowie während der ersten sechs Monate der Beschäftigung, in denen das Kündigungsschutzgesetz noch keine Anwendung findet (BAG v. 3. 12. 1998 – 2 AZR 234/98). Auch eine Kündigung, die von den Betroffenen widerspruchslos hingenommen wird, bleibt eine anhörungspflichtige Kündigung.

Die Anhörungspflicht gilt für **jede Art von Kündigung** – für ordentliche (fristgemäße) und außerordentliche (in der Regel fristlose) Kündigungen sowie vor Beendigungskündigungen und Änderungskündigungen (= Kündigung für den Fall des Nichteinverständnisses mit Vertragsänderung). Auf den Kündigungsgrund (betriebs-, personen- oder verhaltensbedingt) kommt es nicht an.

Noch so dringend dargestellte **Eilfälle** rechtfertigen keine Unterlassung der Anhörung des Betriebsrats. Auch in Eilfällen hat der Arbeitgeber grundsätzlich vor Kündigungen die Anhörungsfristen des § 102 Abs. 2 BetrVG einzuhalten (s. BAG v. 29.3.1977 – 1 AZR 46/75). Selbst bei endgültigen **Betriebsstilllegungen** oder bei einer **Kündigung** im Vorfeld einer Insolvenz (BAG v. 12.12.1996 – 2 AZR 803/95 – und – 2 AZR 809/95) oder **durch den Insolvenzverwalter** muss das Verfahren nach § 102 BetrVG eingehalten werden. Gerade bei Insolvenzverwaltern kommt es immer wieder vor, dass diese glauben, arbeitsrechtliche Vorschriften und Anforderungen gelten nicht für sie. Auch wenn die Amtszeit des Betriebsrats wegen einer Betriebsstilllegung endet, bleibt nach § 21b ein sog. **Restmandat** bestehen, welches auch zwingend seine Beteiligungsrechte nach § 102 BetrVG einschließt (BAG v. 25.10.2007 – 8 AZR 917/06).

Kein Verzicht

Weder die von Kündigungen betroffenen Arbeitnehmer noch der Betriebsrat selbst können rechtswirksam auf eine ordnungsgemäße Anhörung durch den Arbeitgeber verzichten. So hat das BAG (v. 26.8.1997 – 1 ABR 12/97) einen Verzicht des Betriebsrats auf Beteiligungsrechte hinsichtlich künftiger Interessenausgleiche für unwirksam angesehen. Kommen Arbeitgeber und Arbeitnehmer mündlich überein, dass zur Beendigung ihres Arbeitsverhältnisses eine Kündigung seitens des Arbeitgebers ausgesprochen und ein Abwicklungsvertrag geschlossen werden soll, so sind auch solche **verabredeten Kündigungen** anhörungspflichtig (BAG v. 28.6.2005 – 1 ABR 25/04).

Keine Anhörungspflicht des Betriebsrats besteht allerdings bei:

- Eigenkündigungen von Arbeitnehmern;
- Aufhebungsverträgen (wenn sich Arbeitnehmer und Arbeitgeber schriftlich einigen, das Arbeitsverhältnis zu beenden, BAG v. 28.6.2005 – 1 ABR 25/04);
- Abänderungsverträgen (z. B. Arbeitnehmer und Arbeitgeber einigen sich darauf, dass künftig in Nachtschicht gearbeitet wird);
- Anfechtungen von Erklärungen (wegen Irrtums, arglistiger Täuschung oder widerrechtlicher Drohung), die zum Abschluss des Arbeitsvertrages geführt haben;
- Auslaufen von befristeten Arbeitsverhältnissen;
- Eintritt von auflösenden Bedingungen, sofern diese im Arbeitsvertrag vorgesehen waren (etwa wenn es dort heißt, das Arbeitsverhältnis ende mit dem Zeitpunkt des Zugangs eines Rentenbescheids wegen Erwerbsunfähigkeit);
- Freistellungen von der Arbeit (BAG v. 22.1.1998 – 2 AZR 267/97);
- Abmahnungen.

Aufpassen

Achtung! Wegen häufig vorkommender falscher Darstellung durch die Arbeitgeber oder missbräuchlicher Verwendung der oben genannten Beendigungsformen ist stets Anlass gegeben, besonders sorgfältig zu prüfen, ob eine wirksame anhörungsfreie Beendigung stattgefunden hat oder stattfinden wird. Wenn der Betriebsrat insoweit Bedenken hat, so sollte er diese dem Arbeitgeber und dem Betroffenen mitteilen.

Beispiel:

1. Ausgangsfall:

Bei einem geplanten Betriebsübergang werden die Arbeitnehmer von dem Betriebsveräußerer oder dem Erwerber mit Versprechungen oder Drohungen veranlasst, ihre Arbeitsverhältnisse entweder selbst zu kündigen oder Auflösungsverträgen zuzustimmen, um dann mit dem Betriebserwerber neue Arbeitsverträge abschließen zu können.

Rechtliche Wertung:

Hierin liegt nach der Rechtsprechung des BAG der Versuch einer Umgehung des besonderen Kündigungsverbots gemäß § 613a Abs. 4 Satz 1 BGB (BAG v. 11.12.1997 – 8 AZR 654/95). Wegen Verstoßes gegen ein gesetzliches Verbot sind diese Rechtsgeschäfte unwirksam (§ 134 BGB). Das hat zur Folge, dass die »alten« Arbeitsverhältnisse unverändert auf den Betriebserwerber übergegangen sind (s. BAG v. 28.4.1987 – 3 AZR 75/86).

Hinweis:

Obwohl in solchen Fällen die in § 4 KSchG vorgesehene 3-Wochen-Frist nicht einzuhalten ist, sollte mit einer gerichtlichen Klärung des Fortbestands des Arbeitsverhältnisses nicht monatelang gewartet werden. Ansonsten könnte das Klagerecht verwirkt sein (s. BAG v. 20.5.1988 – 2 AZR 711/87).

2. Ausgangsfall:

In einer Betriebsvereinbarung ist festgelegt, dass die Arbeitsverhältnisse durch Eintritt der Erwerbsunfähigkeit enden, ohne dass es einer Kündigung bedarf.

Rechtliche Wertung:

Das BAG hält diese Regelung für eine auflösende Bedingung, die deshalb unwirksam ist, weil sich der Zeitpunkt der Auflösung des Arbeitsverhältnisses nicht hinreichend genau bestimmen lässt. Häufig werden nämlich Rentenbescheide mit rückwirkender Kraft erteilt. Damit ist der Beendigungstatbestand im Zeitpunkt seines Eintritts nicht eindeutig bestimmbar. Ob aber ein Arbeitsverhältnis automatisch durch Bedingungseintritt endet, darf nicht längere Zeit in der Schwebe bleiben.

Eine wirksame auflösende Bedingung soll es demgegenüber sein, wenn im Arbeitsvertrag oder einer Betriebsvereinbarung steht, dass das Arbeitsverhältnis mit Erhalt des Bescheids über eine Erwerbsunfähigkeitsrente endet. Der Bedingungseintritt ist hier – so das BAG – hinreichend genau bestimmt (s. BAG v. 27.10.1988 – 2 AZR 109/88).

3. Ausgangsfall:

In einem Arbeitsvertrag/einer Betriebsvereinbarung/einem Tarifvertrag ist vorgesehen, dass das Arbeitsverhältnis zu dem Zeitpunkt endet, zu dem Altersrente beantragt werden kann.

Rechtliche Wertung:

Gemäß § 41 Satz 2 SGB VI gilt diese Vereinbarung dem Arbeitnehmer gegenüber als auf das Erreichen der Regelaltersgrenze abgeschlossen – es sei denn, sie wäre in den letzten drei Jahren vor dem vorgesehenen Ausscheiden abgeschlossen oder bestätigt worden.

4. Ausgangsfall:

Der Arbeitgeber schließt mit einem ausländischen Arbeitnehmer vor Antritt des Urlaubs folgende Vereinbarung ab: »Am 16. August 1999 ist die Arbeit wiederaufzunehmen. Andernfalls gilt, dass das Arbeitsverhältnis mit diesem Tage endet, ohne Rücksicht auf die Gründe des Fernbleibens«.

Rechtliche Wertung:

Das BAG hat die Rechtsunwirksamkeit einer derartigen Vereinbarung festgestellt – und zwar unabhängig davon, welche Gründe die Fristversäumung veranlasst haben –, weil anderenfalls der nach dem Kündigungsschutzrecht gewährleistete Bestandsschutz des Arbeitsverhältnisses vereitelt werden würde (s. BAG v. 19.12.1974 – 2 AZR 565/73).

5. Ausgangsfall:

Ein Alkoholiker wird nach einer Entziehungskur wiedereingestellt, Er verpflichtet sich in dem Arbeitsvertrag, das im Betrieb existierende Alkoholverbot strikt einzuhalten. Für einen Rückfall erklärt er schon vorab sein Einverständnis, das Arbeitsverhältnis unverzüglich im gegenseitigen Einvernehmen aufzulösen.

Rechtliche Wertung:

Das LAG München hält den so geschlossenen bedingten Aufhebungsvertrag wegen Umgehung zwingenden Kündigungsrechts für unwirksam (s. LAG München v. 29.10.1987 – 4 Sa 783/87).

6. Ausgangsfall:

Eine Frau bewirbt sich als kaufmännische Angestellte und verneint im Einstellungsgespräch die Frage nach einer bestehenden Schwangerschaft, obwohl sie weiß, dass sie im fünften Monat schwanger ist. Als die Schwangerschaft bekannt wird, ficht der Arbeitgeber seine auf Abschluss des Vertrages gerichtete Erklärung wegen Täuschung nach § 123 BGB an.

Rechtliche Wertung:

Das BAG hat das Anfechtungsrecht verneint, weil die Klägerin nicht arglistig gehandelt hat. Sie durfte die Frage nach der Schwangerschaft falsch beantworteten, weil diese Frage unzulässig war (s. BAG v. 15.10.1992 – 2 AZR 227/92).

Die obigen Beispiele illustrieren vielfältig vorkommende Fälle, bei denen der Arbeitgeber von einem Beendigungstatbestand ausgeht, welcher nicht durch eine Kündigung hervorgerufen wird. Stellt der **Betriebsrat** fest, dass der Beendigungsakt keinen rechtlichen Bestand haben kann, so soll er darauf **hinwirken, dass das Arbeitsverhältnis fortgesetzt wird.**

Zügige Klageerhebung notwendig

Ist der Arbeitgeber zu einer Fortsetzung des Arbeitsverhältnisses nicht bereit, so müssen die **einzelnen Betroffenen** selbst eine **arbeitsgerichtliche Klärung herbeiführen.** Sie dürfen damit nicht zu lange warten, wollen sie nicht ihr Klagerecht verlieren. Für Arbeitgeberkündigungen, die Geltendmachung der Unwirksamkeit von Befristungen und auflösenden Bedingungen muss die **3-Wochen-Frist** für die Erhebung einer **Klage** vor dem **Arbeitsgericht** eingehalten werden (s. § 4 KSchG sowie §§ 17 und 21 TzBfG). Sicherheitshalber sollte die 3-Wochen-Frist in allen strittigen Beendigungsfällen eingehalten werden. Die Frist beginnt mit dem Eintritt des jeweiligen Beendigungstatbestandes an zu laufen (z. B. Zugang der Kündigungserklärung beim Arbeitnehmer, Befristungsablauf).

1. Zeitpunkt der Anhörung

Anhörung vor Kündigung

Die Anhörung des Betriebsrats hat **vor** jeder Kündigung zu erfolgen. Dabei kommt es auf den Zeitpunkt der Abgabe der Kündigungserklärung an und nicht auf den Zugang derselben. Hat die Kündigungserklärung den Machtbereich des Arbeitgebers bereits verlassen (z.B. durch Übergabe des Kündigungsschreibens an die Post) und ist das Anhörungsverfahren noch nicht abgeschlossen, so ist die ausgesprochene Kündigung unwirksam (s. BAG v. 8.4.2003 – 2 AZR 515/02). Eine Anhörung des Betriebsrats im Nachhinein ist ebenfalls unwirksam (BAG v. 15.12.1994 – 2 AZR 327/94). Der Arbeitgeber muss bei der Einleitung des Anhörungsverfahrens noch bereit sein, die Argumente des Betriebsrats zu würdigen (Fitting, § 102 Rn. 58). Bis zum Ende der Anhörungsfrist muss es dem Betriebsrat möglich sein, auf den Kündigungswillen des Arbeitgebers einzuwirken (BAG v. 13.12.2012 – 6 AZR 348/11).

Nachträgliche Zustimmung heilt nicht

An einer ordnungsgemäßen Anhörung ermangelt es nicht nur dann, wenn der Arbeitgeber den Betriebsrat vor Ausspruch der Kündigung überhaupt nicht angehört hat, sondern auch, wenn der Arbeitgeber nach erfolgter Anhörung vor einer abschließenden Stellungnahme des Betriebsrats bzw. vor Ablauf der Äußerungsfrist (eine Woche bzw. drei Tage) kündigt. In solchen Fällen ist die Kündigung unheilbar rechtsunwirksam. Auch wenn der Betriebsrat nachträglich zustimmt, so kann dies nicht die individualrechtliche Unwirksamkeit der Kündigung beseitigen (s. BAG v. 28.2.1974 – 2 AZR 455/73).

Sollte der Arbeitgeber den Betriebsrat um eine (nachträgliche) Zustimmung zu einer bereits ausgesprochenen Kündigung bitten, so könnte dem Arbeitgeber wie folgt geantwortet werden:

> »Der Betriebsrat wird zu der bereits erfolgten Kündigung von Frau Angela Müller nicht weiter Stellung nehmen, da diese Kündigung mangels vorheriger Anhörung des Betriebsrats rechtsunwirksam ist«.

Auch nicht bei »Eilfällen«

Auch in »Eilfällen« kann eine Heilung des Anhörungsfehlers nicht durch nachträgliche Anhörung und/oder nachträgliche Zustimmung des Betriebsrats erfolgen.

Erhält der Betriebsrat von einer bereits ausgesprochenen Kündigung Kenntnis, ohne zuvor angehört worden zu sein, so kann er sowohl den Arbeitnehmer als auch den Arbeitgeber auf die Rechtsunwirksamkeit der Kündigung hinweisen. Der Arbeitgeber hat dann die Möglichkeit, entweder die Kündigung rückgängig zu machen oder in einen Kündigungsschutzprozess mit für ihn negativen Erfolgsaussichten zu gehen. Will er sicherheitshalber noch einmal kündigen, so muss er hierzu ein korrektes Anhörungsverfahren neu einleiten. Für die von der Kündigungsabsicht Betroffenen kann dies erneute Verfahren ein Hinausschieben des Kündigungszeitpunkts zur Folge haben. Es kann aber auch im Interesse der betroffenen Arbeitnehmer liegen, dass der Betriebsrat nur sie selbst, nicht aber den Arbeitgeber auf gemachte Fehler hinweist (z. B. bei einer außerordentlichen Kündigung, wenn der Arbeitgeber wegen Versäumung der 2-Wochen-Frist des § 626 Abs. 2 BGB nicht erneut kündigen kann).

Zeitnähe zwischen Anhörung und Kündigung nicht erforderlich

Hat der Arbeitgeber den Betriebsrat zu einer konkreten Kündigung angehört, so soll er nach Auffassung des BAG (v. 26.5.1977 – 2 AZR 201/76) nicht verpflichtet sein, die Kündigung alsbald nach Abschluss der Anhörung auszusprechen. Hat sich der dem Betriebsrat unterbreitete Kündigungssachverhalt nicht oder nicht wesentlich verändert, so soll der Arbeitgeber auch noch geraume Zeit nach Beendigung des Anhörungsverfahrens kündigen dürfen. Bei der Kündigung eines schwerbehinderten Menschen muss der Arbeitgeber den Betriebsrat nicht nochmals anhören, nachdem die Zustimmung des Integrationsamtes erteilt oder das gerichtliche Zustimmungsersetzungsverfahren durchgeführt worden ist (s. BAG v. 18.5.1994 – 2 AZR 626/93 – DB 1995, 532). Allerdings darf es sich bei der **Anhörung nicht** um eine solche **auf »Vorrat«** handeln, wo also eine Anhörung erst in Bezug auf einen noch in Zukunft zu fassenden Kündigungsentschluss erfolgt, etwa wenn noch Interessenausgleichsverhandlungen durchzuführen sind oder die weitere Auftragsentwicklung abgewartet werden soll (DKW, § 102 Rn. 61). Nach BAG (Urteil v. 22.4.2010 – 2 AZR 991/08) liegt auch dann eine unzulässige Anhörung vor, wenn ein verhaltensbedingter Kündigungsgrund (etwa unentschuldigtes Fehlen) noch gar nicht vorliegt, sondern nur erwartet wird.

Erneute Anhörung nach wesentlichen Änderungen

Ist nach einer zunächst durchgeführten Anhörung eine wesentliche Änderung des Kündigungssachverhalts eingetreten, so muss der Betriebsrat die Gelegenheit erhalten, die weiterhin beabsichtigte Kündigung unter den veränderten Gegebenheiten erneut zu überprüfen (BAG v. 22.9.2016 – 2 AZR 700/15). Allerdings bedarf es nach BAG (v. 28.6.1984 – 2 AZR 217/83) keiner ausdrücklichen Aufforderung des Arbeitgebers zu einer erneuten Stellungnahme. Ausreichend sollen sein die Mitteilung der neu eingetretenen Umstände und das Festhalten an der Kündigungsabsicht. Damit ist das erforderliche erneute Anhörungsverfahren in Gang gesetzt.

Mehrere Kündigungen – mehrere Anhörungen

Das Anhörungsverfahren entfaltet Wirksamkeit nur für die Kündigung, zu der es eingeleitet worden ist. Das **Anhörungsverfahren** ist **verbraucht, wenn** nachfolgend die **Kündigung ausgesprochen** wird. Soll nach Zugang der Kündigung eine neue Kündigung – auch aus denselben Gründen – erfolgen, so muss der Betriebsrat hierzu erneut angehört werden. Tut der Arbeitgeber dies nicht, ist die zweite wiederholende Kündigung unwirksam (s. BAG v. 3.4.2008 – 2 AZR 965/06).

Dagegen ist nach einem vergeblichen Zustellungsversuch einer Kündigung keine erneute Betriebsratsanhörung für die spätere wirksame Zustellung der Kündigung erforderlich (BAG v. 6.2.1997 – 2 AZR 192/96). Eine erneute Beteiligung ist auch dann entbehrlich, wenn das frühere Anhörungsverfahren ordnungsgemäß war, der Betriebsrat der Kündigung vorbehaltlos zugestimmt hat und nach Zugang der Kündigung eine Wiederholungskündigung in angemessenem zeitlichen Zusammenhang ausgesprochen und auf denselben Sachverhalt gestützt wird (BAG v. 10.11.2005 – 2AZR 623/04).

Kündigt der Arbeitgeber – weil er vielleicht selbst Bedenken gegen die Wirksamkeit der ausgesprochenen Kündigung hat – vorsorglich ein zweites oder sogar ein drittes Mal, ist der Betriebsrat zu diesen Folgekündigungen erneut anzuhören (s. BAG v. 31.1.1996 – 2 AZR 273/95).

2. Art und Weise der Anhörung

Was der Arbeitgeber im Rahmen der Anhörung zu tun hat, ergibt sich nur unvollkommen aus dem Gesetzestext. In § 102 Abs. 1 Satz 2 BetrVG ist lediglich ausgeführt, dass der Arbeitgeber im Rahmen der Anhörung dem Betriebsrat »die Gründe für die Kündigung mitzuteilen« hat. Der Betriebsrat soll damit in die Lage versetzt werden, sich eine Meinung zu bilden und auf den Kündigungsentschluss des Arbeitgebers Einfluss zu nehmen. Nach der Rechtsprechung ist eine **Kündigung** nicht nur dann **unwirksam, wenn** eine Anhörung des Betriebsrats überhaupt nicht erfolgt ist, sondern auch dann, wenn diese **Anhörung nicht ordnungsgemäß** war (s. BAG v. 16.9.1993 – 2 AZR 267/93).

Die **Anhörung** kann arbeitgeberseitig **durch** einen **Boten** oder **Vertreter** erfolgen. Geschieht dies, kann der Betriebsrat die Anhörung nicht entsprechend § 174 Satz 1 BGB zurückweisen, wenn dabei kein Vollmachtsnachweis beigefügt worden ist (BAG v. 13.12.2012 – 6 AZR 348/11).

Anforderungen an die Anhörung

Zur Ordnungsgemäßheit einer Anhörung gehört es (s. BAG v. 16.9.1993 – 2 AZR 267/93), dass der Arbeitgeber den Betriebsrat insbesondere informiert über:

- die Personalien des zu kündigenden Arbeitnehmers (einschließlich gegebenenfalls Schwerbehinderteneigenschaft),
- die Kündigungsabsicht,
- die Kündigungsart (z.B. ordentliche oder außerordentliche Kündigung),

- die Kündigungsfrist sowie
- die Kündigungsgründe.

Die **Anhörung** ist **mehr als** die bloße **Unterrichtung** über die Kündigungsgründe. Eine ordnungsgemäße Anhörung liegt nur dann vor, wenn dem Betriebsrat Gelegenheit gegeben wird, umfassend Kenntnis von der konkreten Kündigungsabsicht des Arbeitgebers zu erlangen. Für den **Betriebsrat** gibt es **keine Erkundigungspflicht** (s. BAG v. 16.9.1993, a. a. O.). Der Arbeitgeber muss aber auf Nachfragen des Betriebsrats reagieren. Dies gebietet allein schon der Grundsatz der vertrauensvollen Zusammenarbeit (§ 2 Abs. 1 BetrVG).

Eine **Beratung** zwischen Arbeitgeber und Betriebsrat über die Kündigung ist nicht gesetzlich vorgeschrieben. Ist der Arbeitgeber hierzu nicht bereit, so muss sich der Betriebsrat aufgrund der ihm zugänglichen Informationen vor Ablauf der einwöchigen oder dreitägigen Anhörungsfrist darüber klar werden, ob und inwieweit er Bedenken oder Widerspruch gegen die Kündigungsabsicht geltend machen kann.

Zur Überprüfung dessen, was der Arbeitgeber im Rahmen der Anhörung darlegen muss, sollte sich der Betriebsrat an folgender Liste orientieren:

1. Liegt eine konkrete Kündigungsabsicht vor?
2. Wie und wann ist die Anhörung erfolgt?
3. Welche Art von Kündigung ist geplant?
   a. Ordentliche oder außerordentliche Kündigung?
   b. Personen-, verhaltens- oder betriebsbedingte Kündigung?
   c. Beendigungs- oder Änderungskündigung?
4. Welche Kündigungsfrist soll eingehalten werden?
5. Welchem/r Beschäftigten soll gekündigt werden?
6. Wo und als was ist der/die zu Kündigende beschäftigt?
7. Sind die wesentlichen Sozialdaten mitgeteilt worden?
8. Was ist der Kündigungsgrund?

Die in der Checkliste genannten Prüfungspunkte sind aus folgenden Gründen von Bedeutung:

Konkrete Kündigungsabsicht

Zu 1.: Es stellt keine Kündigungsanhörung dar, wenn der Arbeitgeber etwa im Rahmen von Beratungen über eine Betriebsänderung ausführt, es soll eine Abteilung geschlossen und die dort Beschäftigten sollen entlassen werden. Abgesehen davon, dass die Anhörung sowieso viel zu pauschal wäre, ist damit noch nicht dem Betriebsrat der **konkrete Entschluss** zum Ausspruch von **Kündigun-**

gen mitgeteilt. Hierauf aber stellt das BAG (v. 12.12.1996 – 2 AZR 809/95) entscheidend ab. Es reicht danach beispielsweise nicht aus, dass auf Betriebsversammlungen über eine drohende Insolvenz und Massenentlassungen informiert oder darüber schon längere Zeit mit dem Betriebsrat diskutiert wurde. Die Kündigungsabsicht des Arbeitgebers muss soweit gefestigt sein, dass er nunmehr den Betriebsrat zu konkret beabsichtigten Kündigungen anhört (s. BAG, a. a. O.).

Die Ankündigung geplanter Entlassungen im Rahmen der Personalplanung oder bei Interessenausgleichs- oder Sozialplanverhandlungen stellt keine ordnungsgemäße Anhörung dar. Dasselbe gilt, wenn der Arbeitgeber die Entlassung eines bestimmten Arbeitnehmers für den Fall ankündigt, dass keine weiteren Aufträge hereinkommen oder wenn die Entlassung angekündigt wird, falls sich ein Arbeitnehmer in einer bestimmten Art und Weise vertragswidrig verhalten sollte (zu alledem siehe die Nachweise bei DKW, § 102 Rn. 61 f.).

Leitet der Arbeitgeber die Anhörung zu Kündigungen damit ein, dass diese erst nach Abschluss von Interessenausgleichs- und Sozialplanverhandlungen erfolgen sollen, erklärt er danach aber Kündigungen vor Abschluss eines Sozialplans, so muss er zuvor erneut den Betriebsrat anhören (BAG v. 27.11.2003 – 2 AZR 654/02).

Namensliste im Interessenausgleich

Sogar wenn ein Interessenausgleich mit einer Namensliste der zu Entlassenden zustande gekommen ist, macht dies nicht die Anhörung des Betriebsrats nach § 102 BetrVG zu den konkret auszusprechenden einzelnen Kündigungen entbehrlich und es gelten insoweit auch keine erleichterten Anforderungen (BAG v. 23. 10. 2008 – 2 AZR 163/07). Beide Verfahren können allerdings verbunden werden. Will der Arbeitgeber die Verhandlungen über einen Interessenausgleich verbinden mit Kündigungsanhörungen, so muss dies schon bei Einleitung des Beteiligungsverfahrens klargestellt werden (BAG v. 20.5.1999 – 2 AZR 532/98). Ist dies nicht geschehen, muss die Anhörung nach § 102 BetrVG gesondert durchgeführt werden. Allerdings brauchen die im Rahmen der Interessenausgleichsverhandlungen dem Betriebsrat bekannt gewordenen Tatsachen nicht erneut mitgeteilt zu werden (BAG v. 28.8.2003 – 2 AZR 377/02). Dasselbe gilt auch für Informationen, die im Rahmen der Beteiligung des Betriebsrats vor dem Integrationsamt bei Kündigungen von schwerbehinderten Menschen bekannt geworden sind (BAG v. 23.10.2008 – 2 AZR 163/07).

Form der Anhörung

Zu 2.: Im Gesetz ist keine besondere Form für die **Anhörung** vorgeschrieben. Sie kann also **auch mündlich** erfolgen (BAG v. 6.2.1997 – 2 AZR 265/96).

Auch wenn der Arbeitgeber die Anhörung schriftlich eingeleitet hat, kann er weitere Angaben mündlich ergänzen. Die Frist zur Stellungnahme des Betriebsrats gemäß § 102 Abs. 2 BetrVG beginnt dann lediglich neu zu laufen. Sogar bei komplexen Kündigungssachverhalten besteht keine Verpflichtung zur schriftlichen Anhörung oder zur Herausgabe vorhandener Unterlagen (vgl. BAG, a. a. O.).

Vermerk anfertigen

Bei einer mündlichen Anhörung ist es sinnvoll, den Inhalt der gemachten Angaben sowie den **Zeitpunkt schriftlich** in einem Vermerk **festzuhalten.**

Bei Übergabe eines Anhörungsschreibens sollte stets ein Eingangsvermerk (am besten mit Uhrzeit) auf das Schriftstück aufgebracht werden. Auf diese Art und Weise kann nicht nur die Tatsache der Anhörung selbst, sondern auch der Zeitpunkt der Anhörung dokumentiert werden. Dies ist für die Beweissicherung wichtig, um später gegebenenfalls nachprüfen zu können, ob der Arbeitgeber die Kündigung evtl. bereits vor Abschluss der Anhörung ausgesprochen oder die Anhörungsfrist in unzulässiger Weise verkürzt hat.

Kündigungsart feststellen

Zu 3.: Schon wegen der unterschiedlichen Fristen, die dem Betriebsrat für seine Stellungnahme zustehen, ist es wichtig zu wissen, ob eine **außerordentliche oder** eine **ordentliche** Kündigung beabsichtigt ist. Eine ordnungsgemäße Anhörung setzt stets voraus, dass der Arbeitgeber dem Betriebsrat die Art der beabsichtigten Kündigung mitteilt – insbesondere also dahingehend informiert, ob eine ordentliche oder außerordentliche Kündigung ausgesprochen werden soll (BAG v. 26.3.2015 – 2 AZR 517/14). Das gilt auch im Fall der beabsichtigten Kündigung eines nur außerordentlich kündbaren Arbeitnehmers.

Hört der Arbeitgeber den Betriebsrat nur zur ordentlichen Kündigung an, so ist die später ausgesprochene außerordentliche Kündigung schon nach § 102 Abs. 1 Satz 3 BetrVG von vornherein unwirksam. Das Gleiche gilt im umgekehrten Fall, indem eine Anhörung nur zu einer außerordentlichen Kündigung erfolgt ist und später eine ordentliche ausgesprochen wurde (BAG v. 29.8.1991 – 2 AZR 59/91).

Hindernis für Umdeutung von Kündigung

Eine **außerordentliche** Kündigung, die wegen Verletzung des § 102 Abs. 1 BetrVG rechtsunwirksam ist, kann **nicht** gemäß § 140 BGB in eine **ordentliche Kündigung umgedeutet** werden, wenn der Betriebsrat nicht auch gleichzeitig zu dieser ordentlichen Kündigung angehört worden ist. Nur wenn der Betriebsrat der außerordentlichen Kündigung ausdrücklich und vorbehaltlos zugestimmt hat, soll nach BAG (v. 23.10.2008 – 2 AZR 388/07) eine Umdeutung möglich sein. Die Umdeutung einer außerordentlichen fristlosen Kündigung in eine solche mit Auslauffrist ist nur möglich, wenn der Betriebsrat wie bei einer ordentlichen Kündigung beteiligt worden ist (BAG v. 18.10.2000 – 2 AZR 627/99). Es ist allerdings zulässig, dass der Arbeitgeber den Betriebsrat in einem Akt sowohl zu einer außerordentlichen, als auch hilfsweise zu einer ordentlichen Kündigung anhört (s. BAG v. 12.8.1976 – 2 AZR 311/75). Der Betriebsrat muss dann nicht nur die kürzere 3-Tages-Frist für seine Stellungnahme zur außerordentlichen Kündigung beachten, sondern er muss auch zur Berechtigung beider Kündigungen Stellung nehmen. Für seine Stellungnahme zur hilfsweise beabsichtigten ordentlichen Kündigung hat der Betriebsrat eine Woche Zeit (s. BAG v. 20.9.1984 – 2 AZR 633/82).

Angabe des Kündigungsgrundes

Der Arbeitgeber soll auch angeben, ob er aus **personen-, verhaltens- oder betriebsbedingten** Gründen kündigen will. Zwar kann nicht verlangt werden, dass der Arbeitgeber genau diese Begriffe in seiner Anhörung verwendet. In Zusammenhang mit der zu gebenden Kündigungsbegründung muss aber klar werden, ob sich der Arbeitgeber für seinen Kündigungsentschluss z. B. auf eine schicksalhaft gegebene Krankheit (personenbedingten Kündigungsgrund) oder auf ein steuerbares und deshalb vorwerfbares Fehlverhalten (sog. Krankfeiern) stützen will (s. BAG v. 23.9.1992 – 2 AZR 63/92).

Nach der Rechtsprechung muss der Arbeitgeber dem Betriebsrat gegenüber auch eindeutig klarstellen, ob er sich zur Kündigung aus betrieblichen Gründen oder aus verhaltensbedingten Gründen veranlasst sieht oder aus beiden. Stützt sich der Arbeitgeber auf behauptete Leistungsmängel lediglich im Rahmen der bei betriebsbedingten Kündigungen erforderlichen Sozialauswahl, so kann er später nicht beim Ausspruch der Kündigung auf eine verhaltensbedingte Kündigung wegen Leistungsmängel umschwenken (s. BAG v. 5.2.1981 – 2 AZR 1135/78). Dasselbe gilt für den Fall, dass der Betriebsrat lediglich zu einer verhaltensbedingten Kündigung angehört wurde und sich der Arbeitgeber später im Kündigungsschutzprozess auf das Vorliegen personenbedingter Kündigungsgründe berufen will (s. LAG Hamburg v. 22.2.1991 – 6 Sa 81/90).

Ausspruch anderer Kündigung

Schließlich liegt auch dann eine rechtsunwirksame Kündigung vor, wenn der Arbeitgeber den Betriebsrat zu einer **Beendigungskündigung** angehört, später aber eine **Änderungskündigung** ausgesprochen hat. Erhebt der betroffene Arbeitnehmer in einem solchen Fall Kündigungsschutzklage, so werden die Gerichte – ohne auf die Gründe für die Änderungsabsichten eingehen zu müssen – feststellen, dass die Änderungskündigung bereits nach § 102 Abs. 1 Satz 3 BetrVG rechtsunwirksam ist (s. BAG v. 27.5.1982 – 2 AZR 96/80).

Dasselbe gilt im umgekehrten Fall: Der Arbeitgeber hört den Betriebsrat nur zu einer Änderungskündigung an, spricht dann aber – nach Ablehnung des Änderungsangebotes durch den Betroffenen – eine Beendigungskündigung aus, ohne den Betriebsrat hierzu erneut anzuhören. Das BAG (v. 30.11.1989 – 2 AZR 197/89) hält die ausgesprochene Beendigungskündigung wegen Verstoßes gegen § 102 Abs. 1 BetrVG für unwirksam.

Wurde der Betriebsrat zu einer Kündigung nur wegen einer begangenen Straftat (sog. **Tatkündigung)** angehört und soll die Kündigung **später** auch auf einen Verdacht (sog. **Verdachtskündigung**) gestützt werden, so kann dies im Kündigungsschutzprozess nicht mehr berücksichtigt werden. Der Arbeitgeber beruft sich dann auf einen andersartigen Kündigungsgrund als dem Betriebsrat mitgeteilt worden ist (BAG v. 20.8.1997 – 2 AZR 620/96). Er ist dann mit dem Kündigungsgrund des Verdachts im Kündigungsschutzprozess ausgeschlossen (BAG v. 20.6.2013 – 2 AZR 546/12).

Im umgekehrten Fall, dass der Betriebsrat zu einer Verdachtskündigung angehört worden ist und sich später im Prozess herausstellt, dass die Voraussetzungen für eine Tatkündigung gegeben sind, soll allerdings keine erneute Anhörung des Betriebsrats erforderlich sein, sofern dem Betriebsrat alle Umstände mitgeteilt worden sind, die nicht nur den Tatverdacht, sondern auch den Tatvorwurf begründen. (BAG v. 21.11.2013 – 2 AZR 797/11).

Kündigungsfrist muss mitgeteilt werden

Zu 4.: Nach Auffassung des BAG muss der Arbeitgeber den Betriebsrat im Rahmen der Anhörung nicht bereits mitteilen, zu welchem **Termin** die Kündigung wirksam werden soll. Dies ist schon deshalb nicht erforderlich, weil in der Regel nicht sicher ist, zu welchem Zeitpunkt die Kündigung zugeht (s. BAG v. 24.10.1996 – 2 AZR 895/95). Grundsätzlich muss aber dem Betriebsrat die **Kündigungsfrist** mitgeteilt werden, es sei denn, dem Betriebsrat ist sie ohnehin bekannt oder berechenbar, etwa wenn aus der Anhörung hervorgeht, dass mit der tariflichen Frist gekündigt werden soll (s. BAG v. 29.3.1990 – 2 AZR 420/89). Teilt der Arbeitgeber dem Betriebsrat mit, er beabsichtige eine ordentliche (fristgemäße) Kündigung zum nächst zulässigen Termin und werden in dem Betrieb üblicherweise die tariflichen Kündigungsfristen angewendet, ist die Anhörung ordnungsgemäß (s. BAG v. 24.10.1996 – 2 AZR 895/95). Bei bestehendem Zweifel über die richtige Dauer der einzuhaltenden Kündigungsfrist liegt dann keine fehlerhafte Anhörung vor, wenn der Arbeitgeber zusätzlich zu dem von ihm gewählten Kündigungstermin mitteilt, dass vorsorglich zum nächst zulässigen Termin gekündigt werden soll (s. BAG v. 15.12.1994 – 2 AZR 327/94). Auch soll es unschädlich sein, wenn der Arbeitgeber dem Betriebsrat zwar eine falsche Kündigungsfrist mitgeteilt, aber gleichwohl den rechtlich zutreffenden Kündigungstermin benannt hat (BAG v. 31.1.2019 – 2 AZR 426/18). Teilt der Arbeitgeber aber zwei mögliche Termine mit, ohne anzugeben, zu welchem Termin er später tatsächlich kündigen will, so ist eine solche Anhörung nicht ordnungsgemäß (DKW, § 102 Rn. 76).

Zu 5.: Aus der Mitteilung des Arbeitgebers muss klar hervorgehen, **welchem Arbeitnehmer** gekündigt werden soll. Besteht eine Verwechslungsgefahr, so müssen neben dem Namen noch weitere Unterscheidungsmerkmale bekannt gegeben werden, wie etwa Arbeitsbereich, Personalnummer oder Geburtsdatum.

Für eine ordnungsgemäße Anhörung genügt es nicht, dass der Arbeitgeber dem Betriebsrat bei einer **Massenentlassung** nach § 17 KSchG lediglich die Anzahl der betroffenen Arbeitnehmer mitteilt, ohne die Arbeitnehmer näher zu bezeichnen. Auch bei einer Massenentlassung sind dem Betriebsrat insbesondere Alter, Unterhaltspflichten und Betriebszugehörigkeit mitzuteilen (s. BAG v. 16.9.1993 – 2 AZR 267/93).

Nicht selbst auswählen

Unzulässig ist es, wenn der Arbeitgeber dem Betriebsrat nur mitteilt, er müsse fünf Mitarbeiter in einem bestimmten Bereich mit einer bestimmten Qualifikation entlassen und der Betriebsrat möge die hierzu erforderliche Auswahl treffen. Dies ist kein ordnungsgemäßes Anhörungsverfahren für die beabsichtigte Kündigung einer bestimmten Person. Der Betriebsrat sollte ein solches Ansinnen nicht nur aus rechtlichen, sondern auch aus politisch-moralischen Gesichtspunkten strikt zurückweisen. Es ist nicht Aufgabe des Betriebsrats, Entlassungslisten zusammenzustellen. Die Belegschaft könnte mit Recht über eine derartige Verkennung der Betriebsratsaufgaben empört sein. Beabsichtigt der Arbeitgeber den Ausspruch mehrerer Kündigungen und greift er im Rahmen der Betriebsratsanhörung Änderungswünsche des Betriebsrats auf, so bedarf es keiner erneuten Anhörung (BAG v. 7.12.1995 – 2 AZR 1008/94).

Welcher Arbeitsplatz?

Zu 6.: Die Angabe des **konkreten Arbeitsplatzes** ist für die Würdigung von Kündigungsgründen sowie für eigene Nachforschungen des Betriebsrats von Bedeutung. Selbstverständlich kann auch hier nicht routinemäßig verlangt werden, dass im Anhörungsverfahren eine gesonderte Mitteilung auch dann erfolgt, wenn ohnehin bekannt ist, wo und mit welcher Aufgabe der zu Kündigende beschäftigt wird.

Mitteilung persönlicher Verhältnisse

Zu 7.: Der Arbeitgeber darf dem Betriebsrat keine ihm bekannten **persönlichen Umstände** des zu kündigenden Arbeitnehmers vorenthalten. Die genauen **Sozialdaten,** aber auch ein eventuell bestehender **Sonderkündigungsschutz** müssen deshalb im Allgemeinen mitgeteilt werden. Und zwar gilt dies nicht nur bei geplanten betriebsbedingten Kündigungen, sondern **auch bei personen- oder sogar bei verhaltensbedingten Kündigungen** (zu alledem s. BAG v. 6.10.2005 –

2 AZR 280/04). Bei einer verhaltensbedingten Kündigung kann auf eine Mitteilung von »Sozialdaten« nicht bereits deshalb verzichtet werden, weil sie für den Kündigungsentschluss des Arbeitgebers ohne Bedeutung waren. Eine Mitteilung der genauen Sozialdaten soll nur dann nicht erforderlich sein, wenn es dem Arbeitgeber wegen der Schwere der Kündigungsvorwürfe ersichtlich nicht auf die genauen Daten ankommt (z. B. bei einer Annahme von Schmiergeldern in Millionenhöhe) und der Betriebsrat die ungefähren Daten ohnehin kennt (BAG v. 19.11.2015 – 2 AZR 217/15 u. v. 5.12.2019 – 2 AZR 240/19).

Der Arbeitgeber ist allerdings nicht verpflichtet, die Richtigkeit der ihm vom Arbeitnehmer mitgeteilten und dokumentierten Daten zu überprüfen. Er kann – wenn er keine anderweitigen Kenntnisse hat – von den Eintragungen in der Lohnsteuerkarte ausgehen und muss dies dann aber auch dem Betriebsrat gegenüber deutlich machen, etwa durch Formulierungen wie »laut Steuerkarte keine unterhaltsberechtigten Kinder«. Hat dann in Wahrheit der betreffende Arbeitnehmer doch Kinder, so ist gleichwohl die Anhörung des Betriebsrats ordnungsgemäß (zu alledem s. BAG v. 24.11.2005 – 2 AZR 514/04).

Sind dem Betriebsrat bestimmte Personaldaten ohnehin bekannt, muss der Arbeitgeber sie nicht noch einmal im Rahmen der Anhörung wieder aufführen. Das Risiko der Nichtkenntnis bzw. der Nichtbeweisbarkeit der Vorkenntnis trifft allein den Arbeitgeber.

Mitteilung des Kündigungsgrunds

Zu 8.: Die größte Bedeutung kommt der **genauen Angabe der Kündigungsgründe** zu. Der Betriebsrat muss dadurch in die Lage versetzt werden, sich ein zutreffendes Bild vom Kündigungssachverhalt zu machen. Zu den Kündigungsgründen zählen auch die Gründe, die nach § 102 Abs. 3 BetrVG den Betriebsrat zum Widerspruch berechtigen (BAG v. 17.2.2000 – 2 AZR 913/98). So muss der Arbeitgeber insbesondere über das Bestehen oder Nichtbestehen einer Weiterbeschäftigungsmöglichkeit informieren. Der Arbeitgeber kann seiner Pflicht nach § 102 Abs. 1 BetrVG – den Betriebsrat vor jeder Kündigung zu hören und ihm die Gründe für die Kündigung mitzuteilen – dadurch genügen, dass er auf Kündigungsgründe Bezug nimmt, über die er den Betriebsrat bereits vor Beginn des Anhörungsverfahrens erschöpfend unterrichtet hat (BAG v. 21.12.2022 – 7 AZR 448/21).

Soll einem Arbeitnehmer in den **ersten sechs Monaten** des Bestands des **Arbeitsverhältnisses** gekündigt werden, so muss der Arbeitgeber dem Betriebsrat auch hierfür die Gründe mitteilen – obwohl noch kein Individualkündigungsschutz nach dem Kündigungsschutzgesetz besteht. Nach BAG (v. 12.9.2013 – 6 AZR 121/12) soll es hier aber ausreichen, wenn dem Betriebsrat lediglich ein **subjektives**

Werturteil des Arbeitgebers mitgeteilt wird (z. B. »Nicht-Bewährung«, »ungeeignet«; »Probezeit nicht bestanden«; »wird Anforderungen nicht gerecht« etc.). Dasselbe soll bei einer Kündigung eines **Auszubildenden** während der **Probezeit** gelten (BAG v. 19. 11. 2015 – 6 AZR 844/14).

Nur Werturteil

Nach der letztgenannten BAG-Entscheidung gilt Folgendes:

> »Ebenso wie bei einer Kündigung in der Wartezeit des § 1 Abs. 1 KSchG ist die Substantiierungspflicht bei der Anhörung des Betriebsrats im Falle einer Kündigung während der Probezeit nach § 22 Abs. 1 BBiG allein an den Umständen zu messen, aus denen der Ausbildende subjektiv seinen Kündigungsentschluss herleitet. Dies folgt aus dem Grundsatz der subjektiven Determination. Demnach ist der Betriebsrat immer dann ordnungsgemäß angehört, wenn der Arbeitgeber ihm die Gründe mitgeteilt hat, die nach seiner subjektiven Sicht die Kündigung rechtfertigen und die für seinen Kündigungsentschluss maßgeblich sind. Hinsichtlich der Anforderungen, die an die Information des Betriebsrats durch den Ausbildenden bei Probezeitkündigungen zu stellen sind, ist deshalb zwischen **Kündigungen, die auf substantiierbare Tatsachen gestützt** werden, und Kündigungen, die **auf personenbezogenen Werturteilen beruhen,** die sich in vielen Fällen durch Tatsachen nicht näher belegen lassen, zu differenzieren. In der ersten Konstellation genügt die Anhörung den Anforderungen des § 102 BetrVG nur, wenn dem Betriebsrat die zugrundeliegenden Tatsachen bzw. Ausgangsgrundlagen mitgeteilt werden. In der zweiten Konstellation reicht die Mitteilung allein des Werturteils für eine ordnungsgemäße Betriebsratsanhörung aus. Der Ausbildende ist in diesem Fall nicht verpflichtet, im Rahmen des Anhörungsverfahrens nach § 102 BetrVG sein Werturteil gegenüber der Arbeitnehmervertretung zu substantiieren oder zu begründen. Liegen dem subjektiven Werturteil des Ausbildenden nach Zeit, Ort und Umständen konkretisierbare Tatsachenelemente zugrunde, muss er den Betriebsrat über diesen Tatsachenkern bzw. die Ansatzpunkte seines subjektiven Werturteils nicht informieren. Es genügt für eine ordnungsgemäße Anhörung, wenn er allein das Werturteil selbst als das Ergebnis seines Entscheidungsprozesses mitteilt.«

Der Umfang der Begründungspflicht ist von den Vorkenntnissen des Betriebsrats abhängig.

Hat der Betriebsrat bereits bei der Einleitung des Anhörungsverfahrens den erforderlichen Kenntnisstand, um zu der konkret beabsichtigten Kündigung eine Stellungnahme abgeben zu können, bedarf es keiner weiteren Darlegung der

Kündigungsgründe durch den Arbeitgeber. Hierbei ist es unerheblich, ob es sich um einen Klein- oder Großbetrieb handelt.

Vorkenntnisse im Betriebsrat

Dabei kommt es auf die **Kenntnis desjenigen** an, **der zur Entgegennahme der Kündigungsmitteilung berechtigt ist.** Dies ist der Betriebsratsvorsitzende oder bei dessen Verhinderung sein Stellvertreter. Ist ein besonderer Ausschuss zur Behandlung von Personalangelegenheiten gebildet (Personalausschuss), reicht es aus, wenn die Kenntnisse beim Ausschussvorsitzenden vorhanden sind.

Der Betriebsrat oder der Personalausschuss kann allerdings auch ein anderes Betriebsratsmitglied zur Entgegennahme ermächtigen. Dann kommt es auch auf dessen Vorkenntnisse an.

Nur dann, wenn kein zur Entgegennahme Berechtigter vorhanden ist (etwa wenn für Urlaubsabwesenheit keine Vertretungsregelung besteht), ist jedes Betriebsratsmitglied berechtigt und verpflichtet, Erklärungen des Arbeitgebers für den Betriebsrat entgegenzunehmen. Dann kommt es auch auf das Vorwissen sonstiger in Anspruch genommener Betriebsratsmitglieder an. Ansonsten aber wird das Wissen eines nicht zur Empfangnahme von Mitteilungen über die Kündigungsabsicht berechtigten Betriebsratsmitglieds nur dann dem Gremium des Betriebsrats zugerechnet, wenn dieses Mitglied sein Wissen vor oder nach der Einleitung des Anhörungsverfahrens dem Betriebsrat oder einem Empfangsberechtigten vermittelt hat, spätestens bis zur Sitzung, in der die Stellungnahme zur beabsichtigten Kündigung beschlossen wird (s. BAG v. 27.6.1985 – 2 AZR 412/84). Im Streitfall muss der Arbeitgeber nachweisen, dass er sich wegen zurechenbarer vorhandener Kenntnisse mit einer knappen Mitteilung begnügen durfte.

Fazit: Der **Arbeitgeber** trägt das **volle Risiko** einer **fehlerhaften Anhörung,** wenn er auf das Vorwissen des Betriebsrats vertraut und deshalb im konkreten Einzelfall keine ausführliche Begründung für seinen Kündigungsentschluss abgibt. Im Kündigungsschutzprozess trifft ihn die Beweislast hinsichtlich der korrekten Anhörung und des Vorwissens des Betriebsrats.

Heilung von Anhörungsmängeln

Vor Ausspruch der **Kündigung** kann der Arbeitgeber seine **Information** gegenüber dem Betriebsrat jederzeit **ergänzen.** Dann kann allerdings die Frist für die Stellungnahme des Betriebsrats neu zu laufen beginnen (BAG v. 6.2.1997 – 2 AZR 265/96). Dies ist dann der Fall, wenn es sich nicht nur um eine vertiefende Darstellung des bereits mitgeteilten Kündigungssachverhalts handelt, sondern um Informationen, die diesen Sachverhalt in einem gänzlich anderen Licht erscheinen lassen (BAG v. 16.7.2015 – 2 AZR 85/15). Auch kann der Arbeitgeber auf Nachfrage eine ursprünglich unzureichende Mitteilung ergänzen. Die

Informationen müssen also nicht stets aus eigenem Antrieb seitens des Arbeitgebers erfolgen. Beschafft sich der Betriebsrat aber die fehlenden Informationen anderweitig selbst, so heilt dies nicht den Anhörungsmangel (vgl. BAG v. 6. 2. 1997 – 2 AZR 265/96).

Wurde der Betriebsrat falsch informiert oder änderte sich der mitgeteilte Kündigungsgrund, so muss der Arbeitgeber die korrekte Information nachholen. Unterlässt er dies, scheitert die Kündigung bereits wegen Verstoßes gegen § 102 BetrVG (BAG v. 17. 2. 2000 – 2 AZR 913/98).

Macht der Betriebsrat den Arbeitgeber schon vor Einleitung des Anhörungsverfahrens darauf aufmerksam, dass ein konkreter Arbeitsplatz derzeit unbesetzt ist und zur Weiterbeschäftigung eines von einer Kündigung bedrohten Arbeitnehmers geeignet ist, so ist der Arbeitgeber verpflichtet, dem Betriebsrat im Einzelnen zu begründen, weshalb eine Weiterbeschäftigung dort nicht in Betracht kommt. Unterlässt er diese zusätzlichen Informationen, so ist eine später ausgesprochene Kündigung wegen nicht ordnungsgemäßer Anhörung des Betriebsrats unwirksam (BAG v. 15. 3. 2001 – 2 AZR 141/00).

Der Arbeitgeber kann die Unwirksamkeit der Kündigung wegen nicht ordnungsgemäßer Anhörung (vgl. § 102 Abs. 1 Satz 3 BetrVG) nicht dadurch verhindern, dass er **nach** Ausspruch der **Kündigung** weitere Informationen an den Betriebsrat gibt. Er hat dann nur die Möglichkeit, ein erneutes Anhörungsverfahren in Gang zu setzen und nach dessen Abschluss noch einmal zu kündigen.

Liegt eine mangelhafte Anhörung des Betriebsrats vor, so kommt es rechtlich nicht darauf an, ob und wie der Betriebsrat zu der Kündigungsabsicht Stellung genommen hat. Ebenso wie eigene Nachforschungen, die zu der erforderlichen Kenntnis führen, ist eine abschließende Stellungnahme des Betriebsrats – selbst wenn er der Kündigungsabsicht ausdrücklich zugestimmt haben sollte – nicht geeignet, Fehler des Arbeitgebers bei der Anhörung zu heilen (s. BAG v. 27. 6. 1985 – 2 AZR 412/84).

Auch wenn dem Betriebsrat ein Anhörungsfehler des Arbeitgebers – etwa bei Mitteilung der Kündigungsabsicht an ein unzuständiges Betriebsratsmitglied – bekannt ist, besteht **keine** generelle **Pflicht,** den **Arbeitgeber auf diesen Fehler hinzuweisen.** Dies könnte nur bei vorangegangener einmaliger oder mehrfacher widerspruchsloser Hinnahme fehlerhafter Mitteilungen der Fall sein (s. BAG v. 16. 10. 1991 – 2 AZR 156/91). Deshalb sollten Anhörungsfehler stets gerügt werden.

Kündigungsgründe müssen konkretisiert werden

Sieht man von einem möglichen zurechenbaren Vorwissen des Betriebsrats einmal ab, so genügt der Arbeitgeber seiner Informationspflicht nicht, wenn er – bei Arbeitnehmern mit Kündigungsschutz – die Kündigungsgründe nur pauschal, schlagwort- oder stichwortartig bezeichnet oder bloße Werturteile ohne Angabe der für die Bewertung maßgebenden Tatsachen angibt.

Der Arbeitgeber ist nicht verpflichtet, dem Betriebsrat Unterlagen oder Beweismaterial zur Verfügung zu stellen oder Einsicht in die Personalakte zu gewähren. Auch muss er den Betriebsrat nicht über solche Umstände unterrichten, die die Glaubwürdigkeit von Zeugen oder den Wahrheitsgehalt anderer Beweismittel betreffen (s. BAG v. 26.1.1995 – 2 AZR 386/94). Gleichwohl ist der für den Arbeitgeber maßgebende Sachverhalt unter Angabe der Tatsachen, aus denen der Kündigungsentschluss hergeleitet wird, näher so zu umschreiben, dass der Betriebsrat ohne zusätzliche eigene Nachforschungen in die Lage versetzt wird, die Stichhaltigkeit der Kündigungsgründe zu prüfen und sich über eine Stellungnahme schlüssig zu werden (s. BAG v. 27.6.1985 – 2 AZR 412/84).

Es reicht also nicht aus, wenn der Arbeitgeber **beispielsweise** mitteilt:

Beispiele:

»Es ist beabsichtigt, Herrn Eugen Müller zu entlassen, weil sein Arbeitsplatz im Zuge von Rationalisierungsmaßnahmen entfällt.«

oder:

»Wir haben vor, Frau Anna Schulze zu kündigen, weil ihre Leistungen nicht zufrieden stellend sind.«

oder:

»Es ist beabsichtigt, den Monteur Karl Schmidt wegen hoher krankheitsbedingter Fehlzeiten in den letzten drei Jahren zu kündigen.«

oder:

»Die kaufmännische Angestellte Eva Schulze soll wegen nachhaltiger Störungen des Betriebsfriedens entlassen werden.«

oder:

»Wir haben vor, den Mitarbeiter der Datenverarbeitung, Alfred Schloch, wegen grober Verletzung der Pflichten aus seinem Arbeitsvertrag fristlos zu kündigen.«

Derartige Kürzel oder bloße Rechtsbegriffe genügen der Begründungspflicht nach § 102 Abs. 1 Satz 2 BetrVG nicht.

Rechtliche Ausführungen sind entbehrlich

Der Arbeitgeber muss dem Betriebsrat nur den für seinen Kündigungsentschluss maßgeblichen **Lebenssachverhalt** – nicht dagegen rechtliche Wirkungen und Wertungen – mitteilen (BAG v. 29. 1. 1997 – 2 AZR 292/96).

Auswahlentscheidung des Arbeitgebers

Grundsätzlich gilt, dass der **Arbeitgeber** den Betriebsrat nur über solche Gründe informieren muss, auf die er aus seiner **subjektiven Sicht** die Kündigung stützen will (ständige Rechtsprechung; s. BAG v. 17. 1. 2008 – 2 AZR 405/06 –, sowie v. 23. 2. 2010 – 2 AZR 804/08). Der Arbeitgeber muss dem Betriebsrat nur die Umstände mitteilen, die seinen Kündigungsentschluss tatsächlich bestimmt haben (BAG v. 16. 7. 2015 – 2 AZR 15/15). Nach dem Grundsatz der subjektiven Determination ist der Betriebsrat dabei ordnungsgemäß angehört, wenn der Arbeitgeber ihm die Gründe mitgeteilt hat, die nach seiner subjektiven Sicht die Kündigung rechtfertigen und die für seinen Kündigungsentschluss maßgeblich sind. Diesen Kündigungsentschluss hat er regelmäßig unter Angabe von Tatsachen so zu beschreiben, dass der Betriebsrat ohne zusätzliche eigene Nachforschungen die Stichhaltigkeit der Kündigungsgründe prüfen kann (BAG v. 12. 2. 2015 – 6 AZR 845/13).

Die Mitteilungspflicht reicht nicht so weit wie die Darlegungslast des Arbeitgebers im Kündigungsschutzprozess. Die Anhörung des Betriebsrats soll diesem nicht die selbstständige Überprüfung der Wirksamkeit der beabsichtigten Kündigung ermöglichen, sondern eine Einflussnahme auf die Willensbildung des Arbeitgebers (BAG v. 23. 10. 2014 – 2 AZR 736/13). Auch wenn mehrere kündigungsrechtlich erhebliche Tatsachen gegeben sind, hiervon aber nur eine Auswahl dem Betriebsrat deshalb mitgeteilt wird, weil der Arbeitgeber sich auf die anderen Kündigungsgründe (zunächst) nicht stützen möchte oder weil er sie bei seinem Kündigungsentschluss für unerheblich oder entbehrlich hält, dann ist die Anhörung selbst ordnungsgemäß. Der Arbeitgeber muss also **nicht** über alle möglichen **objektiv** gegebenen oder gar vom Betriebsrat für bedeutsam angesehenen Kündigungsgründe informieren. Es kommt nur auf seine subjektive Auswahlentscheidung an (s. BAG v. 11. 7. 1991 – 2 AZR 119/91).

Nur wenn der Arbeitgeber dem Betriebsrat eine **bewusst unrichtige oder unvollständige Sachverhaltsdarstellung** unterbreitet, ist die Anhörung unwirksam (zu alledem s. BAG v. 17. 1. 2008 – 2 AZR 405/06). Der Arbeitgeber darf ihm bekannte Umstände, die sich bei objektiver Betrachtung zugunsten des Arbeitnehmers auswirken können, dem Betriebsrat nicht deshalb vorenthalten, weil sie für seinen eigenen Kündigungsentschluss nicht von Bedeutung waren (BAG v. 16. 7. 2015 – 2 AZR 15/15).

Hat der Arbeitgeber keinen objektiv belegbaren Kündigungsgrund und braucht er diesen für eine Kündigung innerhalb der sechsmonatigen Wartezeit gemäß § 1 Abs. 1 KSchG nicht, oder wird sein Kündigungsentschluss allein von subjektiven, durch Tatsachen nicht belegbaren Vorstellungen (z. B. hinsichtlich der Eignung, Fähigkeit und zukünftigen Handlungsweisen) bestimmt, so reicht nach der Ansicht des BAG (v. 18. 5. 1994 – 2 AZR 920/93) die Unterrichtung des Betriebsrats über diese Vorstellungen aus. Hatte der Arbeitgeber allerdings Kenntnis von z. B. konkreten Leistungsmängeln, muss er diese auch dem Betriebsrat mitteilen.

Verwertungsverbot im Prozess

Hat der Arbeitgeber aus seiner Sicht den Betriebsrat umfassend über den Kündigungsgrund unterrichtet, so ist er nicht gehindert, im Kündigungsschutzprozess den Kündigungssachverhalt auf nur einzelne, dem Betriebsrat mitgeteilte Kündigungstatsachen zu beschränken. Dafür bedarf es nach BAG (v. 27. 11. 2008 – 2 AZR 98/07) keiner erneuten Anhörung. Stellt sich später im Kündigungsschutzprozess aber heraus, dass die dem Betriebsrat mitgeteilten Kündigungsgründe nicht für die Kündigung ausreichen, so kann der Arbeitgeber in diesem Prozess **keine** ihm von vorneherein **bekannten Gründe nachschieben**, die über eine Erläuterung des dem Betriebsrat mitgeteilten Sachverhalts hinausgehen (Verwertungsverbot). Die objektiv unvollständige Unterrichtung des Betriebsrats hat demgemäß die Unwirksamkeit der Kündigung dann zur Folge, wenn der vom Gericht verwertbare Sachverhalt die Kündigung nicht trägt (s. BAG v. 11. 7. 1991 – 2 AZR 119/91). Soweit vor Ausspruch der Kündigung eine Anhörung des Betriebsrats nach § 102 BetrVG erforderlich ist, ist ein Nachschieben von Kündigungsgründen, die dem Arbeitgeber bei Ausspruch der Kündigung bereits bekannt waren, von denen er dem Gremium aber keine Mitteilung gemacht hat, unzulässig. Das hat zur Folge, dass diese Gründe im Kündigungsschutzprozess keine Berücksichtigung finden können (so auch BAG v. 18. 6. 2015 – 2 AZR 256/14).

Nur beschränktes Nachschieben von Kündigungsgründen

Nach Auffassung des BAG soll es allerdings zulässig sein, im Kündigungsschutzprozess solche – dem Betriebsrat nicht mitgeteilte – **Gründe nachzuschieben**, die zwar bereits bei Ausspruch der Kündigung entstanden waren, dem **Arbeitgeber** aber erst **später bekannt** geworden sind. Allerdings muss der **Betriebsrat** in einem solchen Fall unverzüglich nach Bekanntwerden **erneut** vom Arbeitgeber zu diesen weiteren Gründen **angehört** werden, bevor sie in den Kündigungsschutzprozess eingeführt werden (BAG v. 18.6.2015 – 2 AZR 256/14). Der Arbeitgeber muss beweisen, dass ihm diese Gründe bei Ausspruch der Kündigung noch nicht bekannt waren (s. BAG v. 11.4.1985 – 2 AZR 239/84 –, und v. 4.6.1997 – 2 AZR 362/96). Unterbleibt die erneute Anhörung, so dürfen im Kündigungsschutzprozess nur die dem Betriebsrat mitgeteilten Tatsachen zugrunde gelegt werden (BAG v. 31.3.1993 – 2 AZR 492/92).

Der Arbeitgeber ist auch nicht gehindert, im Kündigungsschutzprozess Tatsachen nachzuschieben, die ohne wesentliche Veränderung des Kündigungssachverhalts lediglich der **Erläuterung und Konkretisierung** der dem Betriebsrat mitgeteilten Kündigungsgründe dienen (s. BAG v. 6.10.2005 – 2 AZR 280/04). So soll es z.B. bei einer betriebsbedingten Kündigung im Streit über die Korrektheit der Sozialauswahl im Kündigungsschutzprozess zulässig sein, dass der Arbeitgeber zur sozialen Lage und zur Vergleichbarkeit von Arbeitnehmern Stellung nimmt, über die er im Anhörungsverfahren dem Betriebsrat noch keine Mitteilung gemacht hat, auf die sich aber der gekündigte Arbeitnehmer im Kündigungsschutzprozess beruft (s. BAG v. 15.6.1989 – 2 AZR 580/88).

Darauf, ob die dem Betriebsrat mitgeteilten Kündigungsgründe die Kündigung selbst im nachfolgenden Kündigungsschutzprozess objektiv rechtfertigen und ob diese beweisbar sind, kommt es für die Ordnungsgemäßheit der Anhörung nicht an (s. BAG v. 23.9.1992 – 2 AZR 63/92). Zur nach § 102 Abs. 1 Satz 2 BetrVG erforderlichen Mitteilung der Kündigungsgründe gehört nicht die Information über die die Verwertbarkeit erlangter Informationen oder Beweismittel begründenden Umstände (BAG v. 22.9.2016 – 2 AZR 848/15).

Keine Täuschung des Betriebsrats

Teilt der Arbeitgeber allerdings dem Betriebsrat **bewusst wahrheitswidrig unrichtige Kündigungsgründe** mit oder schildert er den Kündigungssachverhalt bewusst irreführend – was auch durch das Verschweigen wesentlicher Umstände erfolgen kann, so verletzt er nicht nur die Pflicht zur vertrauensvollen Zusammenarbeit nach § 2 Abs. 1 BetrVG, sondern er setzt den Betriebsrat außerstande, sich ein zutreffendes Bild von den Kündigungsgründen zu machen und entsprechend zu handeln. In einem solchen Fall ist das Anhörungsverfahren nicht ordnungsgemäß durchgeführt und die Kündigung daher gemäß § 102 Abs. 1 Satz 3 BetrVG unwirksam (so BAG v. 22.9.1994 – 2 AZR 31/94 –, v. 9. 3. 1995 – 2 AZR 461/94 – und v. 17.1.2008 – 2 AZR 405/06).

Eine zwar vermeidbare, aber **unbewusst** erfolgte, »bloß« objektive **Fehlinformation** führt dagegen nach BAG (v. 16.7.2015 – 2 AZR 15/15) für sich genommen nicht zur Unwirksamkeit der Kündigung. Dabei soll es nicht darauf ankommen, ob der Arbeitgeber bei größerer Sorgfalt die richtige Sachlage hätte kennen können. Maßgeblich ist, ob er subjektiv gutgläubig ist und ob trotz objektiv falscher Unterrichtung dem Sinn und Zweck der Betriebsratsanhörung Genüge getan ist. Dies sei bei einer unbewussten Falschinformation dann der Fall, wenn sich der Inhalt der Unterrichtung mit dem tatsächlichen Kenntnisstand des Arbeitgebers deckt und der Betriebsrat damit auf derselben Tatsachenbasis wie dieser auf dessen Kündigungsabsicht einwirken kann (zu alledem s. BAG, a. a. O.).

Vermengt ein Arbeitgeber bewusst krankheitsbedingte und unentschuldigte Fehlzeiten, obwohl er letzteren Kündigungsgrund nicht aufrechterhalten kann, so wird der Betriebsrat dadurch evtl. veranlasst, einer Kündigung zuzustimmen. Dies stellt einen Verstoß gegen den Grundsatz der vertrauensvollen Zusammenarbeit dar (s. BAG v. 23.9.1992 – 2 AZR 63/92).

Der Arbeitgeber muss aber nicht nur wahrheitsgemäß informieren, die Rechtsprechung verlangt von ihm auch, dass er dem Betriebsrat im Rahmen der Anhörung **nicht die für den Arbeitnehmer sprechenden Umstände vorenthalten** darf. Zu einer vollständigen und wahrheitsgemäßen Information des Betriebsrats gehört auch die Unterrichtung über dem Arbeitgeber bekannte und für eine Stellungnahme des Betriebsrats möglicherweise bedeutsame Tatsachen, die den Arbeitnehmer entlasten und deshalb gegen den Ausspruch einer Kündigung sprechen können (BAG v. 6.2.1997 – 2 AZR 265/96). Bei einer sog. Verdachtskündigung müssen nicht nur die belastenden, sondern auch die dem Arbeitgeber bekannten entlastenden Aussagen von Zeugen mitgeteilt werden. Stützt sich der Arbeitgeber auf eine Abmahnung vor Kündigungsausspruch, so darf er dem Betriebsrat nicht eine Gegendarstellung des Arbeitnehmers vorenthalten (zu alledem s. BAG v. 11.7.1991 – 2 AZR 119/91). Der **Arbeitgeber trägt** in diesen Fällen die **Beweislast** für die nicht bewusste Irreführung des Betriebsrats (s. BAG v. 22.9.1994 – 2 AZR 31/94).

Schließlich ist eine Anhörung auch dann nicht ordnungsgemäß, wenn dem Betriebsrat **unklare Angaben** gemacht werden, so dass dieser nicht weiß, ob die Kündigung bereits ausgesprochen oder erst beabsichtigt ist (s. BAG v. 22.10.1968 – 1 AZR 46/68). Ebenfalls nicht ausreichend ist es, wenn die eigentliche Kündigungsmitteilung unvollständig ist und der Arbeitgeber seine Bereitschaft erklärt, weitere Auskünfte auf Wunsch des Betriebsrats zu erteilen oder wenn der Betriebsrat mit Informationen überschüttet wird, die sich nicht oder nur äußerst schwierig einem konkreten Kündigungsvorhaben zuordnen lassen.

Welche Rechte stehen dem Betriebsrat bei mangelhafter Anhörung zu?

Die **Überprüfung**, ob eine ordnungsgemäße Mitteilung der für den Kündigungsentschluss maßgeblichen Gründe stattgefunden hat, ist im Einzelfall nicht nur für den gekündigten Arbeitnehmer und seine Bevollmächtigten im Kündigungsschutzprozess, sondern auch für den Betriebsrat **schwierig**. Dieser erfährt ja in aller Regel nicht, was der Arbeitgeber im Einzelnen zur Abwehr einer Kündigungsschutzklage vortragen lässt. Hat der Betriebsrat allerdings konkreten Anlass, dass er bei Kündigungsanträgen nicht ordnungsgemäß und wahrheitsgemäß unterrichtet wird, so sollte er die **Kündigungsschutzprozesse sorgfältig verfolgen**, gegebenenfalls auch durch Teilnahme an den Verhandlungen vor Gericht. Dies verbessert nicht nur die Durchsetzungschance für die einzelnen Betroffenen, sondern erhöht auch die Durchsetzungskompetenz des Betriebsrats zur Verbesserung der Anhörungspraxis des Arbeitgebers in zukünftigen Fällen.

Sollte sich ein unbelehrbarer Arbeitgeber auf den Standpunkt stellen, er könne den Betriebsrat nur mit Schlagworten abspeisen, so kommt ein **Beschlussverfahren** vor dem Arbeitsgericht wegen **Verletzung** der Grundsätze der **vertrauensvollen Zusammenarbeit** in Betracht. Bei schwerwiegenden, insbesondere wiederholten Anhörungsmängeln kann dem Arbeitgeber nach **§ 23 Abs. 3 BetrVG** auf Antrag des Betriebsrats oder der zuständigen Gewerkschaft gerichtlich aufgegeben werden, in Zukunft ordnungsgemäß zu informieren. Die gerichtliche Anordnung schließt auch die Androhung eines Ordnungsgeldes ein und ermöglicht die Festsetzung eines Zwangsgeldes. Schließlich kann die nicht ordnungsgemäße Anhörung des Betriebsrats auch eine auf Antrag zu verfolgende **strafbare Handlung** nach **§ 119 Abs. 1 Nr. 2 BetrVG** sein. Der Betriebsrat wird nämlich im Vorfeld von Kündigungen durch vorsätzliche unzureichende oder falsche Informationen in seinen Handlungsmöglichkeiten behindert.

2.1 Die Anhörung bei Änderungskündigungen

Bei einer **Änderungskündigung** müssen dem Betriebsrat sowohl die Gründe für die Änderung der Arbeitsbedingungen als auch das Änderungsangebot mitgeteilt werden (s. BAG v. 12. 8. 2010 – 2 AZR 104/09).

§ 99 BetrVG nicht vergessen!

Will der Arbeitgeber mittels einer Änderungskündigung eine **Versetzung** herbeiführen, so muss er den Betriebsrat nicht nur nach **§ 102 BetrVG**, sondern auch nach **§ 99 BetrVG** beteiligen. Die Beteiligung des Betriebsrats nach § 99 BetrVG ist keine Wirksamkeitsvoraussetzung für eine solche Änderungskündigung (BAG v. 18. 5. 2017 – 2 AZR 606/16). Die Wirksamkeit der Änderungskündigung hängt also auch nicht davon ab, ob der Betriebsrat der Versetzung zugestimmt hat, bzw. die Zustimmung durch das Gericht ersetzt worden ist.

Eine andere Frage ist die nach der Zulässigkeit der Durchführung der Versetzung. Die fehlende Zustimmung des Betriebsrats nach § 99 BetrVG hindert den

Arbeitgeber an der wirksamen Durchführung der Versetzung, also an der tatsächlichen Zuweisung eines anderen Arbeitsbereichs (BAG v. 30.9.1993 – 2 AZR 283/93). Führt der Arbeitgeber die beabsichtigte Versetzung ohne Einhaltung des nach § 99 BetrVG erforderlichen Zustimmungsverfahrens durch, so kann der Betriebsrat gemäß § 101 BetrVG beim Arbeitsgericht beantragen, dem Arbeitgeber aufzugeben, die Versetzungsmaßnahme aufzuheben. Kommt der Arbeitgeber dem nicht nach, so kann gegen ihn ein Zwangsgeld verhängt werden.

Der von der Versetzungsmaßnahme betroffene Arbeitnehmer kann vor dem Arbeitsgericht eine Feststellungsklage erheben, dass die ohne Zustimmung des Betriebsrats bzw. ohne Durchführung des Verfahrens nach § 100 BetrVG erfolgte Versetzung für ihn rechtsunwirksam ist. Die Versetzungsanweisung ist nach § 134 BGB nichtig. Der davon Betroffene bleibt nach wie vor zur Tätigkeit in dem alten Arbeitsbereich berechtigt und verpflichtet. Auch der mitbestimmungswidrig erfolgte Entzug der bisherigen Tätigkeit ist unwirksam. Entzug und Zuweisung einer Tätigkeit stellen einen einheitlichen Vorgang dar. Die neue Arbeit kann der Arbeitnehmer verweigern, ohne sich einer Vertragspflichtverletzung schuldig zu machen. Knüpft die Bezahlung an die auszuübende Tätigkeit an, so wird der Vergütungsanspruch auch nicht durch eine mitbestimmungswidrige Versetzung berührt (zu alledem s. BAG v. 30.9.1993 – 2 AZR 283/93).

2.2 Die Anhörung bei verhaltensbedingten Kündigungen

Konkrete Vorwürfe auf den Tisch

Bei einer verhaltensbedingten Kündigung (z.B. wegen einer Schlägerei) muss der Arbeitgeber dem Betriebsrat mitteilen, **in welcher Weise** sich der Arbeitnehmer **konkret arbeitsvertragswidrig** verhalten hat. Dieses Verhalten muss im Einzelnen geschildert werden. Anzugeben ist auch, inwieweit der Betriebsablauf oder der Betriebsfrieden oder das Vertrauensverhältnis so gestört wurde, dass eine Kündigung erforderlich ist und ob es nicht mildere Mittel der Reaktion auf vertragswidriges Verhalten gibt (z.B. eine Abmahnung, Änderungskündigung statt Beendigungskündigung). Bei **häufigem Zuspätkommen** besteht allerdings nach Auffassung des BAG nur dann eine Mitteilungspflicht des Arbeitgebers hinsichtlich eingetretener Betriebsablaufstörungen, wenn es sich um besondere, atypische Störungen handelt, welche dem Betriebsrat nicht ohnehin bekannt waren (v. 27.2.1997 – 2 AZR 302/96).

Grundsätzlich muss der Arbeitgeber auch bei einer verhaltensbedingten Kündigung dem Betriebsrat die genauen **Sozialdaten** des Arbeitnehmers mitteilen. Er darf nur dann darauf verzichten, wenn es ihm ersichtlich nicht darauf ankommt und der Betriebsrat die ungefähren Sozialdaten ohnehin kennt (BAG v. 5.12.2019 – 2 AZR 240/19).

Bezieht sich der Arbeitgeber auf eine vorherige **Abmahnung** wegen eines gleichartigen Fehlverhaltens vor dem eigentlichen Kündigungssachverhalt, so muss er den Betriebsrat auch hierüber informieren, einschließlich über den Inhalt einer gegebenenfalls erfolgten Gegendarstellung des Arbeitnehmers (s. BAG v. 31.8.1989 – 2 AZR 453/88). Es reicht nicht aus, dass dem Betriebsrat die Personalakte des Gekündigten übergeben wird oder dass es allgemeine Praxis war, dass der Betriebsrat Durchschriften von Abmahnungen und Gegendarstellungen erhält. Nach richtiger Auffassung des LAG Hamm (v. 25.8.2000 – 10 Sa 642/00) hätte es in den letztgenannten Fällen eines Hinweises auf die Gegendarstellung in der Kündigungsanhörung bedurft.

Eine wirksame Anhörung des Betriebsrats zu einem vom Arbeitnehmer angekündigten, aber noch nicht eingetretenen Verhalten (unberechtigte Krankmeldung) ist dann nicht möglich, wenn nicht die Ankündigung selbst, sondern nur das später zu erwartende Verhalten des Arbeitnehmers vom Arbeitgeber als Kündigungsgrund genannt wird (s. BAG v. 19.1.1983 – 7 AZR 514/80).

2.3 Die Anhörung bei Verdachtskündigungen

Entlastendes darf nicht verschwiegen werden

Bei einer sog. **Verdachtskündigung** (z. B. wegen einer strafbaren Handlung) hat der Arbeitgeber den Betriebsrat über alle ihm bekannten Umstände, aus denen sich der konkrete Verdacht ergeben soll, vollständig und wahrheitsgemäß zu unterrichten (BAG v. 12.2.2015 – 6 AZR 845/13). Dazu gehört auch, keine evtl. entlastenden Momente zu verschweigen. Unterlässt es der Arbeitgeber, den Betriebsrat über einen dem Arbeitgeber bekannten, für die Kündigungsentscheidung erheblichen Umstand zu informieren (z. B. Nichtbestätigung der Handlung durch eine andere Tatzeugin), so wird die durchgeführte Anhörung unwirksam (s. BAG v. 2.11.1983 – 7 AZR 65/82 sowie v. 21.11.2013 – 2 AZR 797/11). Der Arbeitgeber darf im späteren Kündigungsschutzprozess diese Kündigungsgründe nicht verwenden; er darf Kündigungsgründe nur dann nachschieben, wenn sie ihm erst nach Anhörung des Betriebsrats bekannt geworden sind und er den Betriebsrat hierzu erneut angehört hat (BAG v. 18.6.2015 – 2 AZR 256/14). Allerdings ist der Arbeitgeber nicht gehindert, nach einer Anhörung wegen eines Verdachts ohne erneute Anhörung seine Kündigung im Prozess auf eine vollendete Tat zu stützen (BAG v. 21.11.2013 – 2 AZR 797/11). Voraussetzung hierfür ist allerdings, dass dem Betriebsrat auch bereits alle Umstände mitgeteilt worden sind, die den Tatvorwurf begründen.

2.4 Die Anhörung bei betriebsbedingten Kündigungen

Dringende betriebliche Erfordernisse und richtige Sozialauswahl müssen detailliert dargestellt werden

Bei einer **betriebsbedingten Kündigung** hat der Arbeitgeber insbesondere Folgendes mitzuteilen:

- Die außer- oder innerbetrieblichen **Ursachen** für den Wegfall der Arbeitsmöglichkeit (genaue Angaben erforderlich: So muss etwa bei einer etappenweisen Betriebsstilllegung darüber informiert werden, welche Bereiche wann aufgegeben werden und welche Arbeitnehmer gekündigt und welche vorerst weiterbeschäftigt werden sollen).
- Das Nichtbestehen einer **anderweitigen Beschäftigungsmöglichkeit** innerhalb des gesamten Unternehmens (nicht nur im jeweiligen Beschäftigungsbetrieb; s. auch BAG v. 15.12.1994 – 2 AZR 320/94; v. 17.2.2000 – 2 AZR 913/98).
- Die Gesichtspunkte, die den Arbeitgeber zu der **sozialen Auswahl** gerade des zu kündigenden Arbeitnehmers veranlasst haben. Dabei müssen – wenn der Arbeitgeber eine Sozialauswahl vorgenommen hat – sowohl die Sozialdaten des zur Kündigung vorgesehenen Arbeitnehmers als auch der vergleichbaren Arbeitnehmer mitgeteilt werden und zwar unabhängig von einem entsprechenden Verlangen des Betriebsrats nach diesen Daten (BAG v. 20.5.1999 – 2 AZR 532/98). Aufzulisten sind also die Arbeitsplätze und die Arbeitnehmer, die in das Auswahlverfahren einbezogen waren. Die Angaben zur sozialen Situation müssen sich auf Alter, Betriebszugehörigkeit, Unterhaltspflichten und eine eventuelle Schwerbehinderung beziehen.
- Hält der Arbeitgeber eine Sozialauswahl für nicht erforderlich – etwa weil der zu Kündigende den Übergang seines Arbeitsverhältnisses nach § 613a BGB widersprochen hat –, so genügt er der Anhörungspflicht gegenüber dem Betriebsrat, wenn er ihm dies mitteilt. Er riskiert dann jedoch im Kündigungsschutzprozess, dass die Sozialauswahl nicht korrekt war (BAG v. 24.2.2000 – 8 AZR 167/99). Dasselbe gilt, wenn der Arbeitgeber bei einer durchgeführten Sozialauswahl bestimmte Arbeitnehmer übersehen oder für nicht vergleichbar gehalten und deshalb dem Betriebsrat die für die soziale Auswahl (objektiv) erheblichen Umstände nicht mitgeteilt hat. Darin liegt noch kein Verstoß gegen seine Verpflichtungen aus § 102 BetrVG und er kann im Kündigungsschutzprozess versuchen, seine Sozialauswahl zu rechtfertigen (BAG v. 8.12.2022 – 6 AZR 32/22).

  Erfolgen Falschangaben an den Betriebsrat zu den Unterhaltspflichten des Arbeitnehmers lediglich versehentlich, fehlt es an einer bewusst unrichtigen oder irreführenden Unterrichtung des Betriebsrats über die Person des zu kündigenden Arbeitnehmers, die schon für sich genommen zur Unwirksamkeit der Kündigung führen könnte (BAG v. 28.2.2023 – 2 AZR 194/22). Dies gilt zumindest dann, wenn der Betriebsrat durch die Falschangabe nicht verunsichert wird und ihm die tatsächlichen Gegebenheiten zuverlässig bekannt sind, sodass ihm insoweit durch die Falschangabe keine Einwände abgeschnitten werden (BAG a.a.O.).

- Sollen bei einer beabsichtigten **Betriebsstilllegung** alle Arbeitnehmer entlassen werden, so braucht der Arbeitgeber dem Betriebsrat keine Sozialdaten mitzuteilen (BAG v. 13.5.2004 – 2 AZR 329/03).
- Auch bei Vorliegen eines **Interessenausgleichs mit Namensliste** im Sinne des § 1 Abs. 5 KSchG ist der Arbeitgeber nicht von der Pflicht zur Anhörung des Betriebsrats zur Kündigung entbunden. Die Betriebsratsanhörung unterliegt nach BAG (v. 23.10.2008 – 2 AZR 163/07) keinen erleichterten Anforderungen. Tatsachen, die bereits im Rahmen der Verhandlungen über den Interessenausgleich mitgeteilt worden sind, müssen aber nicht noch einmal gesondert im Rahmen der Anhörung zur Kündigung wiederholt werden. Dies gilt zumindest dann, wenn zwischen den Interessenausgleichsverhandlungen und dem Anhörungsverfahren ein überschaubarer Zeitraum gelegen hat und sich zwischenzeitlich nichts Wesentliches geändert hat (BAG v. 22.1.2004 – 2 AZR 111/02).

2.5 Die Anhörung bei personenbedingten Kündigungen

Bei einer personenbedingten Kündigung muss mitgeteilt werden, warum aus in der Person des Arbeitnehmers liegenden Gründen nicht mehr in dem erforderlichen Umfang mit der arbeitsvertraglich geschuldeten Arbeitsleistung gerechnet werden kann. Hauptanwendungsfall ist hier eine Kündigung wegen häufiger Kurzerkrankungen, langandauernder Erkrankungen oder bei dauerhafter krankheitsbedingter Unfähigkeit, die vertraglich geschuldete Arbeitsleistung zu erbringen.

Informationsumfang bei Krankheitskündigungen

Auch wenn bei beabsichtigten Kündigungen im Zusammenhang mit erheblichen Arbeitsunfähigkeitszeiten an die Mitteilungspflicht des Arbeitgebers gegenüber dem Betriebsrat nicht dieselben strengen Anforderungen zu stellen sind wie im Kündigungsschutzprozess, so darf sich der Arbeitgeber im Anhörungsverfahren nicht darauf beschränken, lediglich die bisherigen Fehlzeiten und die Art der Erkrankungen mitzuteilen. Vielmehr muss er auch Angaben über die wirtschaftlichen Belastungen und Betriebsbeeinträchtigungen machen, die infolge der Fehlzeiten entstanden sind und mit denen noch gerechnet werden muss (s. BAG v. 24.11.1983 – 2 AZR 347/82).

Der Arbeitgeber hat den Betriebsrat also bei Krankheitskündigungen insbesondere über folgende Themen zu informieren:

- Zusammenstellung der jährlichen **Fehlzeiten der Vergangenheit**.
- **Beeinträchtigung** der **betrieblichen Interessen** (Betriebsablaufstörungen, besonders hohe Entgeltfortzahlungskosten). Nach der Rechtsprechung (BAG v. 7.11.2002 – 2 AZR 599/01) soll es ausreichen, dass die Entgeltfortzahlungskosten für sämtliche Arbeitsunfähigkeitszeiten ohne Aufschlüsselung in einem Betrag mitgeteilt worden sind.
- **Sonstige** für den Kündigungsentschluss **bedeutsame Gesichtspunkte** (Ergebnis einer durchgeführten Interessenabwägung, beruhten Arbeitsunfähigkeitszeiten auf einem Betriebsunfall?, etc.).

2.6 Die Anhörung bei Massenentlassungen

Stehen **Massenentlassungen** an, so **ändert** dies nach der Gesetzeslage **nichts** an dem **Anhörungsverfahren**. Der Arbeitgeber muss – bezogen auf jeden einzelnen Kündigungsfall – die erforderlichen Angaben im oben dargestellten Umfange machen. Es genügt nicht, dass der Arbeitgeber dem Betriebsrat lediglich die Anzahl der zu Entlassenden mitteilt. Er muss dem Betriebsrat – auch bei einer Massenentlassung – die betroffenen Arbeitnehmer näher bezeichnen. Dazu gehören insbesondere Alter, Unterhaltspflichten und Betriebszugehörigkeit (s. BAG v. 16.9.1993 – 2 AZR 267/93).

Weiter ergeben sich für den Arbeitgeber bei betriebsbedingten Massenkündigungen hinsichtlich der Anforderungen an eine korrekte Sozialauswahl Schwierigkeiten.

Für den **Betriebsrat** besteht die Schwierigkeit darin, dass er in eine **Zeitklemme** gerät, wenn er eine Vielzahl von Kündigungsanträgen ordnungsgemäß behandeln will. Nach der Rechtsprechung des BAG verlängert sich weder die in § 102 Abs. 2 BetrVG vorgesehene Anhörungsfrist automatisch, noch hat der Betriebsrat einen Rechtsanspruch darauf, dass ihm der Arbeitgeber eine Verlängerung dieser Fristen einräumt (trotzdem sollte eine solche Vereinbarung angestrebt werden). Lediglich die Berufung des Arbeitgebers auf die Nichteinhaltung der Fristen kann im Einzelfall rechtsmissbräuchlich sein (s. BAG v. 14.8.1986 – 2 AZR 561/85).

Bei Massenentlassungen bestehen noch **weitergehende Informations- und Konsultationsverpflichtungen** des Arbeitgebers gegenüber dem Betriebsrat nach § 17 KSchG (**s. hierzu unten VI.**). Wie sich aus § 17 Abs. 3 Satz 3 KSchG ergibt, steht dem Betriebsrat ein Zeitraum von zwei Wochen für seine Stellungnahme zur Verfügung, bevor der Arbeitgeber wirksam eine Anzeige bei der Agentur für Arbeit erstatten kann. Das führt im Ergebnis zu einer deutlichen Verlängerung der Einwochenfrist, die dem Betriebsrat nach § 102 Abs. 2 Satz 1 BetrVG vor Ausspruch von Kündigungen zusteht.

2.7 Die Anhörung bei außerordentlichen Kündigungen

Soll eine außerordentliche Kündigung erfolgen, besteht eine **uneingeschränkte Anhörungspflicht**.

Dem Betriebsrat sind insbesondere die Tatsachen für den Kündigungsentschluss sowie Angaben darüber zu machen, weshalb die Fortsetzung des Arbeitsverhältnisses nicht wenigstens bis zum Ablauf der ordentlichen Kündigungsfrist für den Arbeitgeber als zumutbar erscheint.

Ein Arbeitgeber, der außerordentlich fristlos kündigen will, muss nach BAG (v. 7.5.2020 – 2 AZR 678/19) dem Betriebsrat nicht mitteilen, dass dem Arbeitnehmer ein tariflicher **Sonderkündigungsschutz** zukommt (wie für ältere Arbeitnehmer in der Metall- und Elektroindustrie), welcher zwar eine ordentliche Kündigung weitgehend ausschließt, die Möglichkeit einer »fristlosen« Kündigung aber ausdrücklich »unberührt« lässt. Dem Betriebsrat werden insoweit keine Einwände abgeschnitten. Er kann der Absicht einer außerordentlichen fristlosen Kündigung in beiden Fällen (ordentliche Kündbarkeit und ordentliche Unkündbarkeit) gleichermaßen entgegensetzen, dem Arbeitgeber sei es zuzumuten, die ordentliche Kündigungsfrist einzuhalten.

Von Bedeutung ist auch der Zeitpunkt der Kenntnis des Arbeitgebers von den für die Kündigung maßgebenden Tatsachen (wegen der in § 626 Abs. 2 BGB vorgesehenen **zweiwöchigen Ausschlussfrist** für den Ausspruch von Kündigungen aus wichtigem Grund). Soweit der Arbeitgeber gegenüber dem Betriebsrat Angaben macht, die für die Einhaltung dieser Frist von Bedeutung sind, müssen diese wahrheitsgemäß erfolgen. Zum einen muss dem Betriebsrat mitgeteilt werden, wann sich der Kündigungssachverhalt zugetragen hat. Nur so wird es dem Betriebsrat ermöglicht, die Stichhaltigkeit und Gewichtigkeit der Kündigungsgründe zu beurteilen und sich über sie eine eigene Meinung zu bilden. Zum anderen dürfen dem Betriebsrat mögliche – durch das Gesetz nicht inhaltlich begrenzte – Einwände gegen die beabsichtigte Kündigung nicht – gezielt – abgeschnitten werden. Das gilt auch für den möglichen Einwand, eine außerordentliche Kündigung sei aus Sicht des Gremiums verfristet (zu alledem s. BAG, a. a. O.)

2.8 Die Anhörung bei Kündigungen von Betriebsratsmitgliedern

Mandatsträger genießen besonderen Schutz

Soll einem **Betriebsratsmitglied gekündigt** werden, so ist zu unterscheiden:

- Ist Kündigungsgrund eine **Stilllegung des Betriebes** oder einer **Betriebsabteilung** – und ist die Übernahme in eine andere Betriebsabteilung aus betrieblichen Gründen nicht möglich –, so handelt es sich um eine **ordentliche Kündigung** nach § 15 Abs. 4 und 5 KSchG, für welche das normale Anhörungsverfahren nach § 102 BetrVG einzuhalten ist (s. BAG v. 29.3.1977 – 1 AZR 46/75 – und v. 23.2.2010 – 2 AZR 656/08). Ist ein Betriebsratsmitglied in einer durch Tarifvertrag nach § 3 Abs. 1 Nr. 1 bis 3 BetrVG gebildeten lediglich betriebsverfassungsrechtlichen Organisationseinheit gewählt – also ohne dass auch eine einheitliche betriebliche Organisationsstruktur besteht –, so soll es sich nach der Rechtsprechung (BAG v. 27.6.2019 – 2 AZR 38/19) nicht darauf berufen können, dass es nach Schließung seines eigentlichen Beschäftigungsbetriebs in einen der anderen Betriebe zu übernehmen ist. Dasselbe soll gelten, wenn zwei oder mehr Unternehmen einen gemeinsamen Betrieb gebildet haben und es zur Stilllegung des Betriebes kommt, welchem das Betriebsratsmitglied zuzuordnen ist. In solchen Fällen besteht nur dann der für alle Arbeitnehmer geltende Kündigungsschutz nach § 1 Abs. 2 Satz 2 Nr. 1b KSchG, wenn der Arbeitgeber in seinen anderen Betrieben noch über geeignete freie Arbeitsplätze verfügt.
- Soll einem Betriebsratsmitglied während der Amtszeit **außerordentlich gekündigt** werden (ordentliche Kündigungen sind mit Ausnahme der o. g. Fallkonstellation ausgeschlossen), so bedarf es hierzu nach § 15 Abs. 1 KSchG eines wichtigen Grundes, und es ist zuvor die Zustimmung des Betriebsratsgremiums nach § 103 BetrVG einzuholen. Auch in diesem besonderen Zustimmungsverfahren gelten für den Arbeitgeber dieselben Informationspflichten wie im Anhörungsverfahren nach § 102 BetrVG (s. BAG v. 18.8.1977 – 2 ABR 19/77). Eine Anhörung nach § 102 BetrVG kann allerdings grundsätzlich nicht die Einleitung des Zustimmungsverfahrens nach § 103 BetrVG ersetzen. Ausnahme: Der Betriebsrat hat in Kenntnis des Sonderkündigungsschutzes von sich aus die Zustimmung nach § 103 BetrVG erteilt (BAG v. 17.3.2005 – 2 AZR 275/04).
- Wichtig zu wissen ist noch, dass bei nicht erteilter Zustimmung des Betriebsrats der Arbeitgeber gehalten ist, das gerichtliche **Zustimmungsersetzungsverfahren** noch innerhalb der 2-Wochen-Frist des § 626 Abs. 2 BGB einzuleiten. Versäumt er dies, kann er nicht mehr wirksam außerordentlich kündigen (BAG v. 25.10.1996 – 2 AZR 3/96). D.h. der Arbeitgeber ist gehalten – wenn er nicht eine Verfristung seiner Kündigungsabsicht riskieren will – spätestens 10 Tage nach Kenntniserlangung vom Kündigungsgrund die Ersetzung der Zustimmung des Betriebsrats beim Arbeitsgericht zu beantragen, damit

der Betriebsrat noch den ihm zustehenden Zeitraum von drei Tagen für seine Entscheidung über eine Zustimmung ausschöpfen kann.

- Bedarf es gem. § 103 Abs. 1 BetrVG der Zustimmung des Betriebsrats zu einer außerordentlichen Kündigung und hat der Arbeitgeber innerhalb der 2-Wochen-Frist des § 626 Abs. 2 Satz 1 BGB beim Betriebsrat die erforderliche Zustimmung beantragt sowie bei deren ausdrücklicher oder wegen Fristablaufs zu unterstellender Verweigerung das Verfahren auf Ersetzung der Zustimmung nach § 103 Abs. 2 BetrVG beim Arbeitsgericht eingeleitet, ist die Kündigung nicht wegen einer Überschreitung der Frist unwirksam, wenn das Zustimmungsersetzungsverfahren bei ihrem Ablauf noch nicht abgeschlossen ist. Die **Kündigung** kann vielmehr auch noch nach Ablauf der Frist des § 626 Abs. 2 BGB erfolgen, wenn sie **unverzüglich nach der rechtskräftigen gerichtlichen Entscheidung über die Ersetzung der Zustimmung** erklärt wird (BAG v. 1.10.2020 – 2 AZR 238/20).
- **Endet** der **Sonderkündigungsschutz** des Amtsträgers während des laufenden Zustimmungsersetzungsverfahrens, muss der Arbeitgeber die Kündigung unverzüglich aussprechen, nachdem er Kenntnis von der Beendigung des Sonderkündigungsschutzes erlangt hat (BAG, a. a. O.).
- Hat ein Arbeitnehmer **zusätzlich** zu dem Schutz als Betriebsratsmitglied noch einen besonderen **tariflichen Kündigungsschutz** (welcher ordentliche Kündigungen wegen Erreichung eines bestimmten Lebensalters ausschließt), so muss der Arbeitgeber den Betriebsrat nur nach § 102 BetrVG anhören und nicht das Zustimmungsersetzungsverfahren nach § 103 Abs. 2 BetrVG betreiben, wenn eine Entlassung unter den Voraussetzungen einer **Betriebs- oder Betriebsteilschließung** unumgänglich wird (BAG v. 18.9.1997 – 2 ABR 15/97). Dies soll nach dem BAG (a.a.O.) auch für ein freigestelltes Betriebsratsmitglied gelten.
- Innerhalb **eines Jahres nach Beendigung der Amtszeit** darf zwar ohne vorheriger Zustimmung des Betriebsrats, aber nur außerordentlich gekündigt werden (§ 15 Abs. 1 Satz 2 KSchG). In diesem Fall ist lediglich das Anhörungsverfahren nach § 102 BetrVG durchzuführen.

Entsprechendes gilt nach § 15 KSchG mit gewissen Abwandlungen für **Mitglieder der Jugend- und Auszubildendenvertretung,** des **Wahlvorstandes,** von **Wahlbewerbern, Wahlinitiatoren** und **Wahlvorbereitern** sowie für **Vertrauenspersonen** der **schwerbehinderten Menschen** (s. § 179 Abs. 3 SGB IX). Wahlvorstandsmitglieder und Wahlbewerber haben z.B. nur einen nachwirkenden Kündigungsschutz von sechs Monaten nach Bekanntgabe des Wahlergebnisses (s. hierzu die Bestimmungen in § 15 KSchG, § 103 BetrVG und § 177 Abs. 6 Satz 2 SGB IX). Bewerber für das Amt des Wahlvorstands sind keine Wahlbewerber im Sinne von § 15 Abs. 3 KSchG und von § 103 BetrVG (BAG v. 31.7.2015 – 2 AZR 505/13).

3. Adressat der Anhörung

Adressat der Anhörung ist der **Betriebsrat** als **Gremium**. Hört der Arbeitgeber ein unzuständiges Gremium (etwa den Wirtschaftsausschuss oder einen Rationalisierungsausschuss) an, so setzt dies das Anhörungsverfahren nicht in Gang.

Hat der Betriebsrat allerdings einen **Betriebsausschuss** oder einen **Personalausschuss** gebildet und diesem seine Zuständigkeit nach § 102 BetrVG übertragen (was nach § 27 Abs. 2 sowie § 28 Abs. 1 BetrVG möglich ist), so ist dessen Vorsitzender – bzw. bei dessen Verhinderung sein Stellvertreter – allein der richtige Adressat für die Anhörung zu einer Kündigungsabsicht des Arbeitgebers.

Vorsicht bei der Delegation an Ausschüsse

Es soll auch zulässig sein, die Zuständigkeiten nach § 102 BetrVG einem aus Vertretern des Arbeitgebers und des Betriebsrats gebildeten **paritätischen Ausschuss** nach § 28 Abs. 3 BetrVG zu übertragen (s. BAG v. 12.7.1984 – 2 AZR 320/83). Eine solche Delegation ist bedenklich, wenn nicht bei der Zuweisung der Aufgaben an die paritätische Kommission sichergestellt wird, dass Beschlüsse im paritätischen Ausschuss nur dann getroffen werden können, wenn zumindest die Mehrheit der vom Betriebsrat entsandten Mitglieder dem zugestimmt hat. Noch besser ist eine Regelung, die sicherstellt, dass im Falle der Nicht-Einstimmigkeit der vom Betriebsrat entsandten Ausschussmitglieder die Entscheidung wieder an den Betriebsrat als Gremium zurückfällt.

Zuständigkeit des Betriebsrats

In aller Regel ist der **Gesamtbetriebsrat** für die Anhörung nicht zuständig. Nach der Rechtsprechung des BAG (v. 21.3.1996 – 2 AZR 559/95) ist eine originäre (d.h. eigenständige) Zuständigkeit des Gesamtbetriebsrats bei personellen Einzelmaßnahmen grundsätzlich abzulehnen. Dies soll sogar dann gelten, wenn für die Anhörung ein Einzelbetriebsrat nicht vorhanden ist. Lediglich in Fällen einer Delegation durch die Einzelbetriebsräte (§ 50 Abs. 2 BetrVG) sowie wenn das Arbeitsverhältnis mehreren Betrieben gleichzeitig zugeordnet ist, muss der Gesamtbetriebsrat angehört werden. (s. BAG, a.a.O.). Dabei soll für eine Eingliederung in einen weiteren Betrieb nicht ausreichen, wenn es dem Arbeitgeber vertraglich möglich ist, den Arbeitnehmer in dem anderen Betrieb einzusetzen (BAG v. 16.12.2010 – 2 AZR 576/09).

Grundsätzlich gilt, dass ein Betriebsrat nur dann anzuhören ist, wenn Kündigungen die **Belegschaft** treffen, **die** den **Betriebsrat gewählt hat,** nicht dagegen, wenn die Belegschaft von Betriebsteilen, die nicht mitgewählt haben, betroffen ist (BAG v. 3.6.2004 – 2 AZR 577/03). Widerspricht ein Arbeitnehmer dem Übergang seines Arbeitsverhältnisses bei einem Betriebsübergang oder einer Betriebsaufspaltung und wird er von dem Betriebsveräußerer, der jetzt also keinen Betrieb mehr hat, mangels Beschäftigungsmöglichkeiten gekündigt, so ist der vor der Betriebsübertragung/Betriebsaufspaltung amtierende Betriebsrat nicht mehr zu dieser Kündigung anzuhören (BAG v. 24.9.2015 – 2 AZR 562/14). Dieser ist nur für die Belegschaft in dem übertragenen Betrieb zuständig.

Empfangsberechtigt für die Informationen des Arbeitgebers ist der **Betriebsrats- bzw. Ausschussvorsitzende** und bei dessen Verhinderung sein jeweiliger Stellvertreter. Der Betriebsrat bzw. der Ausschuss kann allerdings auch ein anderes Betriebsratsmitglied zur Entgegennahme ermächtigen.

Nur dann, wenn kein zur Entgegennahme Berechtigter vorhanden ist (etwa wegen Urlaubsabwesenheit, wenn keine Vertretungsregelung besteht), ist jedes Betriebsratsmitglied berechtigt und verpflichtet, Erklärungen des Arbeitgebers für den Betriebsrat entgegenzunehmen.

Anhörung eines Unzuständigen

Mitteilungen, die der Arbeitgeber einem ansonsten nicht zuständigen Mitglied des Betriebsrats macht, werden nur und erst dann für den Betriebsrat **wirksam, wenn** sie von dem Unzuständigen **an** ein **zuständiges Mitglied** des Betriebsrats/Ausschusses weitergeleitet werden. Der Arbeitgeber setzt die unzuständige Person gewissermaßen als seinen Boten ein. Er trägt das volle Risiko, dass die Erklärung von dem Boten auch korrekt und rechtzeitig an das zuständige Betriebsrats- bzw. Ausschussmitglied weitergereicht wird (zu alledem s. BAG v. 27.6.1985 – 2 AZR 412/84).

Ob auch dieselben Grundsätze gelten, wenn der Arbeitgeber kein Betriebsrats- oder Ausschussmitglied, sondern z. B. mündlich nur die Sekretärin des Betriebsrats oder einen sonstigen Arbeitnehmer informiert hat, ist bislang noch nicht höchstrichterlich entschieden. Aber auch in einem solchen Fall ist das Anhörungsverfahren allenfalls dann durch den Arbeitgeber eingeleitet, wenn die von ihm als Bote benutzte Person die Information an ein empfangsberechtigtes Betriebsrats- bzw. Ausschussmitglied tatsächlich weitergeleitet hat.

Zeit und Ort der Information

Die Information des Arbeitgebers an die zuständige Person muss **während** dessen **Arbeitszeit und innerhalb der Betriebsräume** erfolgen. Legt der Arbeitgeber das Anhörungsschreiben erst nach Dienstschluss oder allgemeinem Arbeitsende in das Postfach des Betriebsrats, geht dem Betriebsrat dieses erst am folgenden Arbeitstag zu, soweit mit der Leerung des Postfachs am Tage der Niederlegung nicht gerechnet werden kann (s. BAG v. 12.12.1996 – 2 AZR 809/95). Soll die Anhörung in der Freizeit und/oder außerhalb der Betriebsräume erfolgen, kann der an sich zur Empfangnahme der Anhörung Zuständige ihre Entgegennahme ablehnen (BAG v. 7.7.2011 – 6 AZR 248/10). Nimmt er diese Mitteilung allerdings ohne Widerspruch entgegen, so wird dadurch die Anhörungsfrist in Lauf gesetzt (s. BAG, a. a. O., und v. 27.8.1982 – 7 AZR 30/80). Zu empfehlen ist eine klare Zurückweisung.

Erklärt der Arbeitgeber in einer Betriebsversammlung, dass er beabsichtige, bestimmten Arbeitnehmern zu kündigen, so liegt darin keine ordnungsgemäße Information des Betriebsrats und zwar selbst dann nicht, wenn alle Betriebsratsmitglieder in der Versammlung anwesend sind (s. LAG Baden-Württemberg v. 18.10.1973 – 5 Sa 65/73). Sicherheitshalber sollte der Betriebsrat aber noch innerhalb der so evtl. in Gang gesetzten Anhörungsfrist Stellung nehmen.

4. Folgen mangelhafter Anhörung

Rechtsunwirksamkeit der Kündigung

Ist die **Anhörung** des Arbeitgebers **nicht** entsprechend den oben dargestellten Anforderungen **ordnungsgemäß**, so hat dies die **Rechtsunwirksamkeit** der nachfolgenden **Kündigung** zur Folge (so die ständige Rechtsprechung, s. BAG v. 22.4.2010 – 2 AZR 991/08).

Hierauf kann der Betriebsrat den Arbeitgeber im Rahmen der **Bedenken** hinweisen. Dieser Hinweis hat jedoch nicht zur Folge, dass damit die gleichwohl ausgesprochene Kündigung aus der Welt ist. Zwar kann der Arbeitgeber die Kündigung auf Intervention des Betriebsrats oder des betroffenen Arbeitnehmers zurücknehmen. Tut er dies nicht, muss sich der einzelne Betroffene hiergegen vor Gericht wehren, innerhalb von drei Wochen nach Zugang der Kündigung eine Klage erheben und darin die Feststellung beantragen lassen, dass sein Arbeitsverhältnis durch die Kündigung nicht aufgelöst worden ist.

Der Arbeitgeber kann aber auch – nachdem er von der Mangelhaftigkeit der Kündigung Kenntnis erlangt hat – erneut ein Anhörungsverfahren zu einer zweiten Kündigung – diesmal korrekt – einleiten. Das geht nur dann nicht mehr, wenn die zweiwöchige Ausschlussfrist des § 626 Abs. 2 BGB (bei außerordentlichen Kündigungsgründen) bereits verstrichen ist.

Wegen der unterschiedlichen Reaktionsmöglichkeiten ist stets sorgfältig taktisch abzuwägen, ob der Betriebsrat tatsächlich den Arbeitgeber auf jeden Anhörungsmangel aufmerksam machen sollte. Den betroffenen Arbeitnehmer bzw. dessen Prozessbevollmächtigten sollte der Betriebsrat dagegen immer auf Fehler des Arbeitgebers hinweisen.

Kündigungs-schutzprozess

Die **Rechtsunwirksamkeit** der Kündigung wegen nicht ordnungsgemäßer Anhörung des Betriebsrats kann **auch** dann vom Arbeitnehmer arbeitsgerichtlich geltend gemacht werden, **wenn** dieser **keinen allgemeinen Kündigungsschutz** genießt (etwa weil er bei Zugang der Kündigung noch nicht länger als sechs Monate im Arbeitsverhältnis gestanden hat; vgl. BAG v. 13.5.2004 – 2 AZR 426/03 – sowie v. 12.9.2013 – 6 AZR 121/12). Aus diesem Grund ist die Überprüfung der Korrektheit der Anhörung des Betriebsrats stets ein wichtiges Element von Kündigungsschutzprozessen. Liegt ein Anhörungsmangel vor, so ist allein dies für den Prozesserfolg ausreichend. Es kommt nicht auf sonstige Unwirksamkeitsgründe an.

Ist die **ordnungsgemäße Anhörung** im Prozess **umstritten**, muss der Arbeitgeber die Ordnungsgemäßheit beweisen – sonst verliert er den Rechtsstreit. Hat der Arbeitgeber im Einzelnen die Ordnungsgemäßheit der Betriebsratsanhörung im Prozess dargelegt, kann der Arbeitnehmer dies mit Nichtwissen bestreiten. Bei Kenntnis entsprechender Umstände der Anhörung muss der Arbeitnehmer konkret beanstanden, welche Punkte der Anhörung er für fehlerhaft hält. Dann genügt ein pauschales Bestreiten der Anhörung nicht mehr (BAG v. 16. 3. 2000 – 2 AZR 75/99).

Unterlassungs-anspruch und Sanktionen

In besonderen Fällen kommt auch ein Unterlassungsanspruch des Betriebsrats in Betracht. Dies insbesondere dann, wenn seine Beteiligungsrechte bei Betriebsänderungen oder im Zusammenhang mit Massenentlassungen verletzt wurden (DKW, § 102 Rn. 249). Bei wiederholter grober Missachtung der Betriebsratsrechte ist ein Beschlussverfahren nach § 23 Abs. 3 BetrVG sowie bei vorsätzlichem Verhalten des Arbeitgebers ein Strafverfahren nach § 119 Abs. 1 Nr. 2 BetrVG einzuleiten.

II. Die Reaktionsmöglichkeiten des Betriebsrats

Der Betriebsrat kann auf verschiedene Weise auf eine ihm angekündigte Kündigung reagieren. Insbesondere kann er Bedenken mitteilen oder Widerspruch erheben. Er hat hierfür gemäß § 102 Abs. 2 und 3 BetrVG nach erfolgter Anhörung bei einer **ordentlichen Kündigung eine Woche** und bei einer **außerordentlichen Kündigung drei Tage Zeit**. Im letzteren Fall sieht das Gesetz zwar vor, dass der Betriebsrat seine Bedenken dem Arbeitgeber **»unverzüglich«** – d. h. ohne schuldhaftes Zögern –, spätestens jedoch innerhalb von drei Tagen schriftlich mitzuteilen hat. In der Praxis kann aber im Regelfall davon ausgegangen werden, dass die Einhaltung der 3-Tages-Frist als eine unverzügliche Reaktion des Betriebsrats anzusehen ist.

Will der Arbeitgeber – bei Ausschluss der ordentlichen Kündigungsmöglichkeit (z. B. wegen tariflichem Alterskündigungsschutz) – außerordentlich unter Gewährung einer der fiktiven ordentlichen Kündigungsfrist entsprechenden sozialen Auslauffrist kündigen, so muss die Anhörung wie bei einer ordentlichen Kündigung erfolgen (BAG v. 18.10.2000 – 2 AZR 627/99). Deshalb hat der Betriebsrat in einem solchen Fall auch eine Woche Zeit für seine Stellungnahme (Bedenken und Widerspruch).

1. Fristberechnung

Fristbeginn

Die **Frist beginnt mit** dem **Zugang** der **Information** durch den Arbeitgeber. Zugegangen ist die Information, wenn sie entweder mündlich einem für die Empfangnahme zuständigen Betriebsrats- bzw. Ausschussmitglied mitgeteilt worden oder in schriftlicher Form in den Empfangsbereich des Betriebsrats gelangt ist. Die Anhörung gilt als zugegangen, wenn sie innerhalb der Arbeitszeit des empfangsberechtigten Betriebsrats- bzw. Ausschussmitglieds innerhalb der Geschäftsräume erfolgt. Wird ein **Anhörungsschreiben erst nach** dem **Ende** der **Arbeitszeit** des empfangsberechtigten Betriebsratsvorsitzenden in das Postfach des Betriebsrats gelegt, so geht dieses dem Betriebsrat grundsätzlich erst am **folgenden Arbeitstag** zu (s. BAG v. 12.12.1996 – 2 AZR 809/95). Zum Zwecke der Beweissicherung ist über eine mündliche Anhörung ein schriftlicher Vermerk mit Datum und Uhrzeit anzufertigen, was durch das empfangsberechtigte Mitglied erfolgen sollte. Bei einer schriftlichen Mitteilung sollte ein Eingangsvermerk mit Datum und Uhrzeit auf das Schriftstück aufgebracht werden.

Der Zugang während der Arbeitszeit und in den Geschäftsräumen kann nicht durch eine Empfangsverweigerung verhindert werden. Auch kommt es nicht darauf an, wann das empfangsberechtigte Mitglied tatsächlich von der schriftlichen Stellungnahme des Arbeitgebers Kenntnis nimmt. Liegt zwischen der Absendung und dem Erhalt der Mitteilung eine zeitliche Differenz, so beginnt die Frist erst beim Eingang der Mitteilung beim Betriebsratsvorsitzenden oder bei einer sonstigen empfangsberechtigten Person.

Fristenlauf

Noch nicht höchstrichterlich entschieden ist die Frage, ob die Äußerungsfristen während vereinbarter **Betriebsferien** weiterlaufen. Nach richtiger Ansicht (Fitting, § 102 Rn. 7) ist dies nicht der Fall. Hat der Arbeitgeber den Betriebsrat schon vor Beginn der Betriebsferien unterrichtet, so sind die infolge der Betriebsferien fehlenden Äußerungstage an deren Ende anzuhängen. Um sicherzugehen, dass keine Verfristung für die Stellungnahme des Betriebsrats eintritt, sollte dieser mit dem Arbeitgeber über die Fristhemmung eine – möglichst schriftliche – Vereinbarung treffen.

Hat der Arbeitgeber vollständig und zutreffend informiert, so beginnt die **Äußerungsfrist** für den Betriebsrat zu laufen und wird auch **durch Rückfragen nicht verlängert** (BAG v. 21.1.1998 – 8 AZR 243/ 95).

Hat der Arbeitgeber **zunächst unvollständig informiert, danach** aber vor Ausspruch der Kündigung seine Informationen **ergänzt** – was jederzeit zulässig ist –, kann dies nach der Rechtsprechung des BAG (v. 6.2.1997 – 2 AZR 265/96) dazu führen, dass die Frist für die Stellungnahme des Betriebsrats gemäß § 102 Abs. 2 BetrVG **neu zu laufen beginnt**. Das wird insbesondere dann der Fall sein, wenn es sich nicht um unwesentliche nachträgliche Informationen handelt.

Auf »Nummer sicher« gehen

Der Betriebsrat sollte sich aber bemühen, durch eigene Nachforschungen innerhalb der zuerst begonnenen Frist ein genaues Bild von der Angelegenheit zu verschaffen und noch vor Ablauf dieser Frist eine entsprechende Stellungnahme gegenüber dem Arbeitgeber abgeben. Ist das nicht möglich, kann – bei entsprechendem Einverständnis des Arbeitgebers – der Ablauf der Frist einvernehmlich verlängert werden. Hierauf hat der Betriebsrat allerdings keinen Anspruch (s. BAG, a.a.O.). Es kann im konkreten Einzelfall rechtsmissbräuchlich sein, wenn sich der Arbeitgeber auf die Verfristung der Stellungnahme des Betriebsrats beruft. Dies ist dann anzunehmen, wenn der Betriebsrat plausible Gründe für sein Verlangen nach Fristverlängerung hat und der Arbeitgeber dem nicht nachkommt, ohne seinerseits verständige Gründe für die Nichtverlängerung geltend machen zu können (s. BAG, a.a.O.).

Kein Nachschieben von Kündigungsgründen

Findet keine einvernehmliche Fristverlängerung zwischen Betriebsrat und Arbeitgeber statt, riskiert es der Arbeitgeber im nachfolgenden Kündigungsprozess, dass sein Vorbringen zur Rechtfertigung der Kündigung deshalb zurückgewiesen wird, weil er hierzu dem Betriebsrat nicht ausreichend Zeit zur Stellungnahme gegeben hat. Auch ist ein Nachschieben von dem Betriebsrat bei Kündigungsausspruch nicht mitgeteilten, aber bereits bekannten Gründen im Kündigungsschutzprozess unzulässig (BAG v. 4.6.1997 – 2 AZR 362/96). Will der Arbeitgeber diese Gründe gleichwohl im Kündigungsschutzprozess verwenden, so muss er ein neues Anhörungsverfahren in Gang setzen (s. BAG v. 11.4.1984 – 2 AZR 239/84).

Fristende

Die Äußerungsfristen des § 102 Abs. 2 und 3 BetrVG stehen dem Betriebsrat voll zur Verfügung. Sofern nicht bereits eine abschließende Stellungnahme des Betriebsrats abgegeben worden ist, hat der Arbeitgeber mit der Erklärung der Kündigung bis zum Ablauf des letzten Tags der Frist (also 24 Uhr) zu warten (BAG v. 8.4.2003 – 2 AZR 515/02). Nach der letztgenannten BAG-Entscheidung kann der Arbeitgeber nur dann bereits bei Dienstschluss des letzten Fristtags das Kündigungsschreiben einem Kurierdienst übergeben, wenn er dafür sorgt, dass die Zustellung noch aufgehalten werden kann, wenn der Betriebsrat bis 24 Uhr Stellung nimmt.

Berechnung der 3-Tages-Frist

Die Berechnung der 3-Tages-Frist für die Abgabe von Bedenken gegen eine **außerordentliche Kündigung** gemäß § 102 Abs. 2 Satz 3 BetrVG bezieht sich auf **Kalendertage** und nicht auf Werktage oder Arbeitstage.

Bei der Berechnung der Frist wird der Tag des Zugangs der Information durch den Arbeitgeber nicht mitgezählt (§ 187 Abs. 1 BGB). Die 3-Tages-Frist endet gemäß § 188 Abs. 1 BGB mit dem Ablauf des dritten Tages:

Der Arbeitgeber unterrichtet den Betriebsrat am Montag. Die Frist läuft am Donnerstag um 24.00 Uhr ab.

Samstage, Sonntage und Feiertage, die innerhalb der Frist liegen, zählen mit (s. BAG v. 27.8.1982 – 7 AZR 30/80).

Der Arbeitgeber unterrichtet den Betriebsrat am Freitag. Die 3-Tages-Frist läuft am Montag um 24.00 Uhr ab.

Entscheidend ist der Tagesablauf

Das BAG hat mit Urteil vom 8.4.2003 (2 AZR 515/02) entschieden, **dass die Frist stets mit Tagesablauf um 24.00 Uhr** – also nicht bereits mit Geschäfts- oder Dienstschluss – **endet.** Spricht der Arbeitgeber eine Kündigung vor der abschließenden Stellungnahme des Betriebsrats und vor 24.00 Uhr des Tages aus, an dem die Frist zur Stellungnahme endet, ist die Kündigung gemäß § 102 Abs. 1 Satz 3 BetrVG unwirksam (vgl. BAG, a. a. O.). Hat der Arbeitgeber ein Kündigungsschreiben bereits im Laufe des letzten Tages der Anhörungsfrist einem Kurierdienst oder Mitarbeitern übergeben, dabei aber sichergestellt, dass die Kündigung erst am Morgen des folgenden Tages zugestellt werden soll und bis dahin die Möglichkeit besteht, aufgrund einer bis 24.00 Uhr noch eingehenden Stellungnahme des Betriebsrats den Kündigungsentschluss zu überprüfen, so soll es sich in diesem speziellen Fall nicht um eine verfrühte und damit unzulässige Kündigung handeln (BAG v. 24.9.2015 – 2 AZR 562/14).

Fällt der letzte Tag der Frist auf einen Samstag, Sonn- oder Feiertag, dann endet die Frist erst mit Ablauf des nächsten regulären Werktages, § 193 BGB:

> Der Arbeitgeber unterrichtet den Betriebsrat am Dienstag vor Ostern. Die Frist würde am Karfreitag, also einem Feiertag ablaufen. Gemäß § 193 BGB ist Fristende daher erst am Dienstag nach Ostern um 24.00 Uhr.

Berechnung der 1-Wochen-Frist

Die 1-Wochen-Frist, für die der Betriebsrat nach § 102 Abs. 2 Satz 1 und Abs. 3 BetrVG für seine Stellungnahme zu einer ordentlichen Kündigung Zeit hat, berechnet sich nach entsprechenden Grundsätzen, wie oben für die 3-Tages-Frist dargestellt. Hier endet die Frist mit dem Ablauf des gleichen Wochentags, eine Woche nachdem der Arbeitgeber den Betriebsrat ordnungsgemäß informiert hat (§ 188 Abs. 2 BGB).

> Information zu einer ordentlichen Kündigung durch den Arbeitgeber am Mittwoch, den 18. Mai. Fristablauf ist am Mittwoch, den 25. Mai, 24.00 Uhr.

Fällt der letzte Tag der Wochenfrist auf einen Samstag, Sonn- oder Feiertag, so verlängert sich die Frist bis zum Ende des nächsten regulären Werktages (§ 193 BGB).

Sowohl die 3-Tages-Frist als auch die 1-Wochen-Frist ist für die Vorbereitung und Abgabe einer qualifizierten Stellungnahme durch den Betriebsrat sehr knapp.

Verlängerung der Frist

Insbesondere wenn **Massenentlassungen** anstehen, ist deshalb eine Vereinbarung über die Fristverlängerung mit dem Arbeitgeber anzustreben. Nach der Rechtsprechung besteht jedoch im Normalfall kein Anspruch des Betriebsrats gegen den Arbeitgeber auf Abschluss einer solchen Vereinbarung. Auch bei Massenentlassungen soll die jeweilige gesetzliche Frist automatisch ihren Lauf nehmen. Lediglich, wenn es einen Rechtsmissbrauch des Arbeitgebers darstellt, sich auf die kurze Frist zu berufen, hat der Betriebsrat etwas mehr Zeit. Der Arbeitgeber handelt rechtsmissbräuchlich, wenn er auf Fristeinhaltung besteht, obwohl der Betriebsrat dadurch erkennbar in der Wahrnehmung seiner Beteiligungsrechte beeinträchtigt wird, ohne dass ein berechtigtes Interesse des Arbeitgebers an einer kurzen zeitlichen Abwicklung des Anhörungsverfahrens ersichtlich ist (z. B. wenn noch genügend Zeit für die Einhaltung bestimmter Kündigungstermine auch bei erweiterter Äußerungsfrist vorhanden ist). Nach der Rechtsprechung kann der Missbrauchseinwand bei Massenentlassungen allerdings nicht allein mit der Zahl der beabsichtigten Kündigungen und den sich hieraus für den Betriebsrat ergebenden Schwierigkeiten begründet werden (zu alledem s. BAG v. 14.8.1986 – 2 AZR 561/85).

Ist der Betriebsrat durch Naturereignisse oder andere unabwendbare Zufälle an der Fristeinhaltung gehindert oder hat der Arbeitgeber sogar durch dringlich gemachte Arbeitsaufträge die Einhaltung der Frist vereitelt, darf sich der Arbeitgeber hierauf nicht berufen.

Stellungnahme nach Fristablauf

Auch wenn kein solcher Fall gegeben und die **Frist** deshalb unheilbar **versäumt** ist, sollte der Betriebsrat seine **Stellungnahme gleichwohl** noch abgeben. Vielleicht lässt der Arbeitgeber auch aufgrund einer verspäteten Stellungnahme von seinem Kündigungsentschluss ab. Und im Kündigungsschutzprozess kann sich der gekündigte Arbeitnehmer der Stellungnahme des Betriebsrats als Argumentationshilfe bedienen. Vielleicht gelangt das Gericht aber auch zu dem Ergebnis, dass in Wirklichkeit gar keine Fristversäumung vorlag. Zum Nachweis der Einhaltung der Äußerungsfrist gemäß § 102 Abs. 2 BetrVG ist zu empfehlen, sich **vom Arbeitgeber** eine kurze schriftliche **Empfangsbestätigung** geben zu lassen. Gelingt das nicht, so sind bei entsprechenden negativen Erfahrungen mit dem Arbeitgeber Zeugen bei der Abgabe der Stellungnahme des Betriebsrats zuzuziehen.

Frist voll ausschöpfen

Es liegt im Interesse der von der Kündigungsabsicht betroffenen Arbeitnehmer, wenn der Betriebsrat die ihm nach dem Gesetz zustehende **Äußerungsfrist** bis zur Abgabe einer endgültigen Stellungnahme **voll ausschöpft**. Dies darf der Betriebsrat grundsätzlich tun (s. BAG v. 12.12.1996 – 2 AZR 809/95). Für die betroffenen Arbeitnehmer bedeutet dies, dass der Arbeitgeber die Kündigung erst zu einem möglicherweise späteren Beendigungszeitpunkt aussprechen kann. Das hängt im konkreten Einzelfall von der nach Gesetz, Tarifvertrag oder Einzelvertrag einzuhaltenden Kündigungsfrist ab.

Auch in sog. **Eilfällen** hat der Arbeitgeber nicht die Möglichkeit, die gesetzlichen Äußerungsfristen zu verkürzen (s. BAG v. 29.3.1977 – 1 AZR 46/75). Nach der

Rechtsprechung des BAG bestehen sogar Bedenken gegen die Zulässigkeit einer einverständlichen Abkürzung der Frist durch Arbeitgeber und Betriebsrat (s. BAG v. 12.12.1996 – 2 AZR 809/95).

Der Arbeitgeber darf die Kündigung erst aussprechen, wenn die Äußerungsfrist abgelaufen ist oder – vor Ablauf der Äußerungsfrist – nachdem ihm eine **abschließende Stellungnahme** des Betriebsrats zu der Kündigungsabsicht mitgeteilt worden ist. Sofern noch keine abschließende Meinungsbildung im Betriebsrat stattgefunden hat, sollten jedwede Äußerungen unterbleiben, die vom Arbeitgeber als abschließende Stellungnahme missverstanden werden könnten

Auf keinen Fall reicht das bloße **Schweigen** des Betriebsrats aus, auch wenn der Arbeitgeber dieses als Zustimmung gewertet wissen will.

Besser Frist verstreichen lassen als missverständliche Äußerung

Wenn der Betriebsrat die volle Frist ausschöpfen will, muss er alles unterlassen, was als eine abschließende Stellungnahme gewürdigt werden könnte. Insbesondere sollen Äußerungen, etwa derart, man werde sich zu der Kündigung nicht äußern, unterbleiben. Dann hätte der Arbeitgeber freie Hand für den Ausspruch der Kündigung.

Nach der Rechtsprechung des **BAG** (v. 25.5.2016 – 2 AZR 345/15) gelten folgende **Grundsätze**:

> »Einer Äußerung des Betriebsrats während des Anhörungsverfahrens nach § 102 BetrVG kommt nur dann eine fristverkürzende Wirkung zu, wenn ihr der Arbeitgeber unzweifelhaft entnehmen kann, dass es sich um eine abschließende Stellungnahme handelt. Erklärt der Betriebsrat dies nicht ausdrücklich, ist der Inhalt seiner Mitteilung durch Auslegung entsprechend §§ 133, 157 BGB zu ermitteln (BAG v. 12.3.1987 – 2 AZR 176/86). Diese muss eindeutig ergeben, dass der Betriebsrat sich bis zum Ablauf der Anhörungsfrist nicht noch einmal – und sei es »nur« zur Ergänzung der Begründung seiner bereits eröffneten Entschließung – äußern möchte (BAG v. 26.1.1995 – 2 AZR 386/94). Der Arbeitgeber muss aufgrund der bisherigen Äußerung des Betriebsrats davon ausgehen können, dieser werde unter keinen Umständen mehr tun als bereits geschehen (BAG v. 24.6.2004 – 2 AZR 461/03).
>
> Für die Annahme einer vorfristig abgegebenen verfahrensbeendenden Äußerung bedarf es besonderer Anhaltspunkte. Dem Betriebsrat steht für die Mitteilung der Gründe, die aus seiner Sicht gegen die Verwirklichung des Kündigungsentschlusses sprechen, die gesamte Anhörungsfrist zur Ver-

fügung. Die Möglichkeit zur **Stellungnahme** gegenüber dem Arbeitgeber ist dabei **nicht auf eine einmalige Äußerung beschränkt**. Ebenso wie der Arbeitgeber seine Angaben im Verfahren nach § 102 Abs. 1 Satz 2 BetrVG während der Wochenfrist ergänzen darf, kann auch der Betriebsrat in diesem Zeitraum eine bereits abgegebene Stellungnahme jederzeit erweitern. Hierfür kann insbesondere Anlass bestehen, wenn sich der Kündigungssachverhalt oder dessen rechtliche Bewertung aus Sicht des Betriebsrats im Verlauf der Wochenfrist verändern. Dieser ist auch nicht gehalten, sich die Ergänzung einer bereits übermittelten Stellungnahme ausdrücklich vorzubehalten.

Besondere Anhaltspunkte für eine abschließende Stellungnahme liegen regelmäßig vor, wenn der Betriebsrat dem Arbeitgeber mitteilt, er stimme der beabsichtigten Kündigung ausdrücklich und vorbehaltlos zu oder erklärt, von einer Äußerung zur Kündigungsabsicht abzusehen. In anderen Fällen wird der Arbeitgeber nur von einer abschließenden Stellungnahme ausgehen können, wenn aus seiner Sicht eine weitere Äußerung des Betriebsrats zur Kündigungsabsicht ausgeschlossen ist. Dazu ist es nicht ausreichend, dass der Betriebsratsvorsitzende dem Arbeitgeber das Ergebnis der Beschlussfassung des Gremiums mitgeteilt hat. Dies schließt für sich allein genommen eine erneute Beschlussfassung des Betriebsrats oder eine Ergänzung der mitgeteilten Beschlussgründe durch den Vorsitzenden nicht aus.

Fehlt es an sicheren Anhaltspunkten dafür, dass sich der Betriebsrat in keinem Fall mehr zur Kündigungsabsicht äußern wird, muss der Arbeitgeber, sofern er die Kündigung vor Ablauf der Wochenfrist erklären will, beim Betriebsratsvorsitzenden nachfragen und um entsprechende Klarstellung bitten. Auf dessen Erklärung darf er sich verlassen«.

Hat der Betriebsrat also nach alledem gegen die Kündigung nichts für den Arbeitnehmer Hilfreiches einzuwenden, sollte er die **Äußerungsfrist verstreichen** lassen. Der Arbeitgeber kann die Kündigung dann erst nach Ablauf der Frist aussprechen.

2. Vorbereitung der Stellungnahme

Rechte der Betriebsrats-mitglieder

Die Stellungnahme zu der Kündigungsabsicht beschließt der **Betriebsrat als Gremium**. Jedes Betriebsratsmitglied hat nach § 34 Abs. 3 BetrVG das Recht auf jederzeitige Einsicht in die dem Betriebsrat zugeleiteten Unterlagen zu der beabsichtigten Kündigung. Das gilt sowohl für Unterlagen in Papierform, als auch für solche, die in Dateiform elektronisch auf Datenträgern gespeichert sind

(BAG v. 12.8.2009 – 7 ABR 15/08). Befinden sich die Informationen auf einem E-Mail-Konto des Betriebsrats, so haben sämtliche Betriebsratsmitglieder ein Leserecht auf elektronischem Wege. Ihnen muss der Zugang zu dem Server des Betriebsrats gewährt werden (BAG, a. a. O.). Da es sich hierbei um die Realisierung des jedem Betriebsratsmitglied zustehenden jederzeitigen Einsichtsrechts handelt, folgt daraus nicht, dass der Betriebsratsvorsitzende von sich aus verpflichtet ist, die an ihn gerichtete E-Mail-Korrespondenz stets an alle Betriebsratsmitglieder weiterzuleiten.

Die Stellungnahme des Betriebsrats bedarf einer Beschlussfassung und entsprechender Protokollierung nach ordnungsgemäßer Einberufung einer Betriebsratssitzung (vgl. §§ 29, 33, 34 BetrVG). Dazu ist u. a. erforderlich:

Formelle Voraussetzungen

- Eine rechtzeitige **Einladung** der Betriebsratsmitglieder durch den Betriebsratsvorsitzenden unter **Mitteilung** der Tagesordnung (§ 29 Abs. 2 Satz 3 BetrVG).
- Eine vorherige Mitteilung des Zeitpunkts der Betriebsratssitzung an den **Arbeitgeber** (§ 30 Satz 3 BetrVG).
- Die **Beschlussfähigkeit** des Betriebsrats (mindestens die Hälfte der Betriebsratsmitglieder müssen an der Sitzung teilnehmen; § 33 Abs. 2 Satz 1 BetrVG. Ist der Betriebsrat beschlussunfähig, so soll der Rest-Betriebsrat nach der Rechtsprechung des BAG die Mitbestimmungsrechte des § 102 Abs. 2 BetrVG in entsprechender Anwendung des § 22 BetrVG wahrnehmen können (Urteil v. 18.8.1982 – 7 AZR 437/80).
- Eine **Beschlussfassung mit Mehrheit** der in der Sitzung anwesenden Mitglieder (§ 33 Abs. 1 Satz 1 BetrVG).
- Eine **Protokollierung** des Wortlauts der Beschlüsse sowie der Stimmenmehrheit, mit der sie gefasst sind (§ 34 Abs. 1 Satz 1 BetrVG).

Eine Beschlussfassung im **Umlaufverfahren** (der Beschlussantrag wird auf ein Schriftstück gesetzt und den einzelnen Betriebsratsmitgliedern zur Unterschrift vorgelegt) ist fehlerhaft (s. BAG v. 16.1.2003 – 2 AZR 707/01).

Vorsicht bei Übertragung auf Ausschüsse

Sofern die Kompetenzen nach § 102 BetrVG vom Betriebsrat auf den **Betriebsausschuss oder** einen **sonstigen Ausschuss** übertragen worden sind, tritt an die Stelle der Beschlussfassung im Betriebsratsgremium eine solche in dem Ausschuss.

Von der Möglichkeit der Aufgabenübertragung nach § 28 BetrVG sollte nur in den Fällen Gebrauch gemacht werden, in denen es der allein praktikable Weg ist. Dies kann in Großbetrieben der Fall sein.

Demgegenüber unterliegt es keinen Bedenken, wenn ein Ausschuss mit der Vorbereitung der Betriebsratssitzungen in personellen Angelegenheiten beauftragt worden ist. Dann bedarf es stets einer abschließenden Beschlussfassung im Betriebsrat.

Soll eine Übertragung zur selbstständigen Erledigung stattfinden, so sollte in dem **Übertragungsbeschluss** des Betriebsrats ausdrücklich geregelt werden:
- Der Betriebsrat muss die Entscheidung in jedem Fall wieder an sich ziehen können.
- Der Ausschuss hat ein für den Arbeitsplatz des zu Kündigenden örtlich zuständiges Betriebsratsmitglied vor seiner Entscheidung zu hören.
- Dieses Betriebsratsmitglied kann Einspruch einlegen mit der Folge, dass dann der gesamte Betriebsrat entscheiden muss.
- Der Ausschuss hat in den Betriebsratssitzungen über seine Tätigkeit Rechenschaft abzulegen.

Weder Gesamtbetriebsrat noch einzelne BR-Mitglieder

Der Gesamtbetriebsrat ist in aller Regel (s. oben I. 3.) nicht für die Wahrnehmung der Aufgaben nach § 102 BetrVG zuständig (s. BAG v. 21.3.1996 – 2 AZR 559/95).

Der Betriebsratsvorsitzende, sein Stellvertreter oder ein sonstiges einzelnes Betriebsratsmitglied kann nicht allgemein ermächtigt werden, anstelle des Betriebsrats dessen Stellungnahme abzugeben (s. BAG v. 28.2.1974 – 2 AZR 455/73).

Erklärt z. B. der Betriebsratsvorsitzende im unmittelbaren Anschluss an die Mitteilung der Kündigungsabsicht dem Arbeitgeber, er stimme der Kündigung zu, so ist dies rechtlich ohne Bedeutung. In einem solchen Fall weiß der Arbeitgeber, dass sich der aus mehreren Mitgliedern bestehende Betriebsrat noch nicht mit der Kündigung befasst haben kann. Durch eine solche Erklärung wird das Anhörungsverfahren nicht abgeschlossen (s. BAG v. 28.3.1974 – 2 AZR 472/73).

Nichts anderes gilt, wenn der Betriebsratsvorsitzende erklärt, er werde keine Betriebsratssitzung einberufen, der Betriebsrat werde keine Stellungnahme abgeben (BAG v. 19.5.1983 – 2 AZR 454/81).

Mängel, die der Betriebsrat zu verantworten hat

Demgegenüber wirken sich **Mängel im Anhörungsverfahren** (z. B. nicht ordnungsgemäße Ladung zur Betriebsratssitzung und darauf beruhende fehlerhafte Zusammensetzung des Betriebsrats; Beschlussfassung im Umlaufverfahren) nach der Rechtsprechung des BAG grundsätzlich selbst dann nicht nachteilig auf das Anhörungsverfahren aus, wenn sie der Arbeitgeber im Zeitpunkt des Ausspruchs der Kündigung kannte oder erkennen konnte, dass der Betriebsrat die Angelegenheit nicht fehlerfrei behandelt hat (BAG v. 22.11.2012 – 2 AZR 732/11). Derartige

Mängel fallen in den Zuständigkeits- und Verantwortungsbereich des Betriebsrats (s. BAG v. 16.1.2003 – 2 AZR 707/01 – u. v. 6.10.2005 – 2 AZR 316/04).

Liegt allerdings für den Arbeitgeber erkennbar keine Stellungnahme des Gremiums Betriebsrat vor oder hat er gar den Fehler des Betriebsrats durch unsachgemäßes Verhalten selbst veranlasst, so ist die Anhörung nicht ordnungsgemäß (BAG v. 22.11.2012 – 2 AZR 732/11). Dies wäre etwa der Fall, wenn der Arbeitgeber den Betriebsrat über seine Kündigungsabsicht unmittelbar in der Betriebsratssitzung informiert und eine sofortige abschließende Stellungnahme in seiner Anwesenheit verlangt, obwohl der Betriebsrat dies nicht will (s. BAG v. 24.3.1977 – 2 AZR 289/76). Hat der Arbeitgeber sonst in unzulässiger Weise auf die Entscheidung des Betriebsrats Einfluss genommen, ist die Anhörung nicht ordnungsgemäß erfolgt (s. BAG v. 13.6.1996 – 2 AZR 402/95). Das gilt auch dann, wenn ein Betriebsratsvorsitzender dem mitgeteilten Kündigungsantrag spontan zustimmt. Kündigt dann der Arbeitgeber, so wusste er, dass es sich nur um eine persönliche Stellungnahme des Betriebsratsvorsitzenden gehandelt haben kann (BAG v. 6.10.2005 – 2 AZR 316/04). Lag aber ein kurzer – nur einige Minuten dauernder – Zeitraum zwischen der Mitteilung des Arbeitgebers und der Stellungnahme des Betriebsratsvorsitzenden, so ist nicht ausgeschlossen, dass dieser eine – wenngleich fehlerhafte – Meinungsbildung des Betriebsratsgremiums herbeigeführt hat. Dann läge kein Anhörungsfehler des Arbeitgebers vor (so BAG v. 16.1.2003 – 2 AZR 707/01).

Es ist also große Sorgfalt aufzuwenden, damit dem Betriebsrat im Anhörungsverfahren keine Fehler unterlaufen. Es geht schließlich um die Existenzgrundlage der von der Kündigung betroffenen Arbeitnehmer.

Inhaltliche Vorabklärung

Folgende **Checkliste** sollte der Betriebsrat bei jedem Kündigungsfall abarbeiten:

1. Wann läuft die Frist für die Stellungnahme des Betriebsrats ab?
2. Was sagt der/die Betroffene zur Kündigungsabsicht des Arbeitgebers?
3. Verfügt der Betriebsrat über zusätzliche Informationen?
4. Soll eine Nachfrage beim Arbeitgeber erfolgen?
5. Wer aus der Belegschaft (Vertrauensmann/frau, Arbeitskollege/in) könnte eingeschaltet und befragt werden?
6. Wie soll der Betriebsrat reagieren?

Zu 1.: Zur Fristenberechnung siehe oben unter III. 1.

Zu 2.: Nach § 102 Abs. 2 Satz 4 BetrVG soll der Betriebsrat – soweit dies erforderlich erscheint – vor seiner Stellungnahme den **betroffenen Arbeitnehmer anhören.**

Immer den betroffenen Arbeitnehmer anhören

Trotz dieser »weichen« Formulierung, sollte es – außer bei Massenentlassungen – eine Selbstverständlichkeit sein, dass die Betroffenen stets vor der Beschlussfassung über eine Stellungnahme des Betriebsrats von diesem angehört werden. Die Anhörung muss nicht vor dem gesamten Gremium erfolgen. Es reicht aus, wenn dies z. B. einem Ausschuss des Betriebsrats oder dem jeweilig örtlich zuständigen Betriebsratsmitglied übertragen wird. Dieser muss die erlangten Informationen an das Gremium weitergeben. Dass die Anhörung der Betroffenen für eine verantwortungsvolle Stellungnahme des Betriebsrats unabdingbar ist, wird schon deutlich, wenn man sich die Widerspruchsgründe des § 102 Abs. 3 Nrn. 3–5 BetrVG anschaut. Die dort vorgesehenen Weiterbeschäftigungsmöglichkeiten werden entscheidend davon abhängen, wie die von der Kündigungsabsicht Betroffenen hierzu stehen. Auch können gewisse **taktische Fragen** nur sinnvoll zusammen mit den Betroffenen abgeklärt werden, z. B. ob sich ein Alkoholiker nunmehr bereit erklärt, eine Entziehungskur zu beantragen (dies müsste er dann dem Arbeitgeber gegenüber vor Ausspruch der Kündigung erklären), ob eine Änderungskündigung statt einer Beendigungskündigung in Betracht zu ziehen ist, ob eine Kurzarbeitsinitiative des Betriebsrats eine Massenentlassung verhindern kann.

Zu 2.–5.: Über den gesamten Inhalt dessen, was dem Betriebsrat im Rahmen der Kündigungsanhörung an persönlichen Verhältnissen und Angelegenheiten der Betroffenen bekannt wird, hat er **Stillschweigen** zu bewahren. Dies bestimmt § 102 Abs. 2 Satz 5 i. V. m. § 99 Abs. 1 Satz 3 BetrVG. Die betroffenen Arbeitnehmer können auf die Einhaltung der Schweigepflicht verzichten. Bei der Annahme eines solchen Verzichts ist allerdings Vorsicht geboten. Nur wenn klar ist, dass bestimmte persönliche Angaben auch außerhalb des Anhörungsverfahrens vom Betriebsrat verwendet werden dürfen, sollte eine Weitergabe erfolgen (z. B. wenn der Prozessbevollmächtigte des später gekündigten Arbeitnehmers mit einem entsprechenden Informationswunsch im Auftrage seines Mandanten an den Betriebsrat herantritt).

Schweigepflicht

Zu 6.: Ob und welche Stellungnahme der Betriebsrat schließlich abgibt, liegt in seiner politischen Verantwortung. Er hat folgende Möglichkeiten:

Handlungsalternativen

a) Er tut gar nichts, sondern lässt nur die Äußerungsfrist verstreichen.
b) Er erklärt, dass er die Kündigungsabsicht zur Kenntnis genommen hat.
c) Er stimmt der Kündigung zu.
d) Er äußert Bedenken.
e) Er erhebt Widerspruch.

a) Der Betriebsrat lässt die Äußerungsfrist verstreichen

Schweigen und die **Frist verstreichen lassen** sollte der Betriebsrat in den Fällen, in denen er nichts gegen die beabsichtigte Kündigung vorbringen kann oder wenn er den Arbeitgeber nicht auf einen behebbaren Fehler (z.B. bei einer zu pauschalen Anhörung) hinweisen will. Dadurch verzögert er wenigstens den Ausspruch der Kündigung bis zum Ablauf der Äußerungsfrist, wenn er schon den Betroffenen nicht anderweitig helfen kann.

Nichtstun ist besser als zustimmen

Die Nichtäußerung innerhalb der einwöchigen Frist bei der Anhörung zu einer ordentlichen Kündigung bewirkt nach dem Gesetz, dass die Zustimmung des Betriebsrats zur Kündigung als erteilt gilt (s. § 102 Abs. 2 Satz 2 BetrVG). Es handelt sich hierbei um eine gesetzliche Fiktion. Tatsächlich hat in einem solchen Fall der Betriebsrat gerade nicht zugestimmt. Das Gesetz bewertet sein Verhalten nur wie eine Zustimmung.

Wenn ein Arbeitgeber diese Gesetzeslage zum Anlass nimmt, in seine Kündigungserklärung gegenüber den Betroffenen hineinzuschreiben, dass die Kündigung mit Zustimmung des Betriebsrats erfolgt ist, so sollte der Betriebsrat dem entgegentreten. Er könnte dem Arbeitgeber gegenüber am Ende der Äußerungsfrist folgende Erklärungen abgeben und hiervon den Betroffenen durch Überlassung einer Kopie unterrichten:

> »Der Betriebsrat sieht aufgrund der ihm vorliegenden Informationen bei der gegebenen Rechtslage keine Möglichkeit, der beabsichtigten Kündigung von Herrn Eugen Müller zu widersprechen.«

b) Der Betriebsrat bestätigt nur seine Kenntnisnahme

Dies kann zu Missverständnissen führen, wenn der Arbeitgeber das so auffasst, als hätte der Betriebsrat damit zugestimmt. Deshalb sollte etwa wie folgt klargestellt werden:

> »Der Betriebsrat hat Ihre Kündigungsabsicht zur Kenntnis genommen, ohne dieser zuzustimmen.«

c) Der Betriebsrat stimmt der Kündigung zu

Grundsatz

Auf keinen Fall sollte ein Betriebsrat Kündigungen ausdrücklich **zustimmen.** Und schon gar **nicht** dürfen **Kündigungen mit** vom Betriebsratsvorsitzenden **unterschrieben** werden, wie dies leider gelegentlich – wenn auch selten – vorkommt.

Die Kündigung ist eine einseitige Erklärung, die zur Beendigung des Arbeitsverhältnisses führt. Der Betriebsrat, als Interessenvertretung der Belegschaft, hat eine andere »Personalverantwortung« als die, Kündigungen durch seine Zustimmung zu erleichtern!

Zustimmung nur bei entsprechender Betriebsvereinbarung

Eine Ausnahme gilt nur dann, wenn eine Vereinbarung zwischen Betriebsrat und Arbeitgeber vorliegt, dass Kündigungen der Zustimmung bedürfen. Eine solche Vereinbarung, welche in § 102 Abs. 6 BetrVG vorgesehen ist, kann nur auf freiwilliger Grundlage getroffen werden. Es bedarf hierzu einer von Arbeitgeber und Betriebsrat unterzeichneten Betriebsvereinbarung. Eine formlose Regelungsabsprache genügt nicht (s. BAG v. 14.2.1978 – 1 AZR 154/76 – AP Nr. 60 zu Art. 9 GG Arbeitskampf). Derartige Betriebsvereinbarungen kommen in der Praxis vor. Anwendungsbeispiele hierfür sind entsprechende Kündigungseinschränkungen im Rahmen der Verhandlungen über Betriebsänderungen, etwa in Form eines Sanierungs- oder Beschäftigungsplans.

Fazit: Außerhalb einer durch eine Betriebsvereinbarung abgesicherten generellen Zustimmungspflichtigkeit bei Kündigungen sollte einer **Kündigung niemals zugestimmt** werden – auch nicht in anscheinend klaren Fällen, in denen sich die Berechtigung oder sogar die Notwendigkeit zu einer Kündigung auf den ersten Blick geradezu für den Betriebsrat aufdrängt!

Zum einen muss der Betriebsrat immer damit rechnen, dass er bei seiner Stellungnahme nicht alle erheblichen Faktoren kennt. Stimmt er der Kündigung zu, so kann er sich als Interessenvertreter gewaltig blamieren, wenn später im Kündigungsschutzprozess festgestellt wird, dass die vom Arbeitgeber angeführten Kündigungsgründe nicht ausreichen. Solche Fälle kommen immer wieder vor.

Zum anderen ist es so, dass eine ausdrückliche Zustimmung des Betriebsrats die **Erfolgschancen** im **Kündigungsschutzprozess** für den gekündigten Arbeitnehmer rechtlich und faktisch erheblich **verschlechtern. Faktisch** deshalb, weil die Richter ihrer Entscheidungsfindung häufig die Zustimmung des Betriebsrats als »Indiz« für die Rechtmäßigkeit der Kündigung zugrunde legen. **Rechtlich** insoweit, als der Wechsel von einer vom Arbeitgeber erklärten außerordentlichen Kündigung zu einer ordentlichen Kündigung erleichtert wird. Hat nämlich der

Betriebsrat im Rahmen der Anhörung zu einer außerordentlichen Kündigung dieser vorbehaltlos zugestimmt und ist auch aus sonstigen Umständen nicht zu ersehen, dass der Betriebsrat für den Fall der Unwirksamkeit der außerordentlichen Kündigung der dann verbleibenden ordentlichen Kündigungsmöglichkeit entgegengetreten wäre, so steht einer Umdeutung im Kündigungsschutzprozess nichts im Wege (s. BAG v. 16.3.1978 – 2 AZR 424/76).

Erhebliche Betriebsstörung

Ist der Betriebsrat nach sorgfältiger Überprüfung aller Umstände der Auffassung, dass eine erhebliche Betriebsstörung vorliegt, so bleibt ihm die Möglichkeit, gemäß § 104 BetrVG die Entlassung oder Versetzung des/der Störer zu verlangen. In solchen Fällen – etwa bei rassistischen oder sexistischen Umtrieben – könnte ausnahmsweise auch einer Kündigungsabsicht des Arbeitgebers zugestimmt werden. Hat der Betriebsrat die Entlassung verlangt, und entschließt sich der Arbeitgeber, dem zu entsprechen, so ist eine weitere Beteiligung des Betriebsrats nach § 102 BetrVG nicht mehr erforderlich (BAG v. 28.3.2017 – 2 AZR 551/16).

d), e) Der Betriebsrat äußert Bedenken, der Betriebsrat erhebt Widerspruch

Schriftform

Kann der Betriebsrat etwas gegen die Kündigungsabsicht einwenden, so stehen ihm hierfür **»Bedenken«** und der **»Widerspruch«** zur Verfügung. Beiden Reaktionsweisen ist gemeinsam, dass die jeweiligen Erklärungen in **schriftlicher** Form erfolgen müssen. Für die »Bedenken« ist dies ausdrücklich in § 102 Abs. 2 Satz 1 BetrVG geregelt. Die Schriftform für den »Widerspruch« entspricht den Anforderungen der herrschenden Meinung in der Literatur und dürfte sich auch schon im Interesse des Betriebsrats und der betroffenen Arbeitnehmer (wegen der Beweissicherung) von alleine aufdrängen. Zur Erfüllung des Schrifterfordernisses ist nicht erforderlich, dass die Stellungnahme im Original unterschrieben zugesendet wird. Eine **Kopie** oder ein **Fax reichen** (so BAG, Beschluss v. 11.6.2002 – 1 ABR 43/01 – zu dem Erfordernis der Schriftform für die Zustimmungsverweigerung nach § 99 Abs. 3 BetrVG). Beides, »Bedenken« und »Widerspruch«, hindern den Arbeitgeber nicht am Ausspruch der Kündigung. Die in diesen Erklärungen des Betriebsrats aufgeführten Begründungen haben aber für den individuellen Kündigungsschutzprozess sowie – nach erfolgtem Widerspruch gegen eine ordentliche Kündigung – für den besonderen Weiterbeschäftigungsanspruch gemäß § 102 Abs. 5 BetrVG Bedeutung.

Der »Widerspruch« ist eine Reaktionsweise des Betriebsrats nur gegenüber einer ordentlichen Kündigung, während »Bedenken« sowohl gegen ordentliche wie außerordentliche Kündigungen erhoben werden können. Während ein »Widerspruch« an die im Einzelnen in § 102 Abs. 3 BetrVG aufgeführten Widerspruchsgründe gebunden ist, können »Bedenken« völlig frei von einem derartigen Katalog geltend gemacht werden.

3. Bedenken gegen die Kündigung

Umfang der Bedenken

Im Rahmen von Bedenken kann der Betriebsrat **alles** aufschreiben, **was** aus seiner Sicht **gegen** die **Kündigung** in rechtlicher und tatsächlicher Hinsicht **spricht**, einschließlich einer betriebspolitischen Bewertung des Entlassungsvorhabens. Zu den Bedenken zählt auch die Meinung des Betriebsrats, er sei nicht ordnungsgemäß angehört worden.

Weiter kann geltend gemacht werden, die Kündigung sei sachlich, persönlich oder sozial nicht gerechtfertigt, sie sei eine zu harte Maßnahme, sie berücksichtige nicht die familiäre und wirtschaftliche Lage des Arbeitnehmers, sie würde den Betriebsfrieden beeinträchtigen und dergleichen. Schließlich kann er umfassend zur wirtschaftlichen Lage des Betriebes, zur Entwicklung der Arbeitsbedingungen, zu vom Arbeitgeber nicht aufgegriffenen Vorschlägen des Betriebsrats im Rahmen der Personalplanung oder bei Interessenausgleichsverhandlungen sowie zu sonstigen betrieblichen Entwicklungen Stellung nehmen.

Auch Bedenken sind wichtig

Nicht zu unterschätzen ist der Wert derartiger schriftlicher Äußerungen. Sie können nicht nur Wirkung bei dem Arbeitgeber erzielen, so dass dieser von dem Kündigungsvorhaben Abstand nimmt, sondern auch die Gerichte in ihrer Entscheidungsfindung beeinflussen. Allerdings kann der Arbeitgeber den ihm mitgeteilten Bedenken auch dadurch Rechnung tragen, dass er die ihm unterlaufenen Fehler »repariert«, evtl. noch einmal neu der Betriebsrat anhört, eine weitere Kündigung ausspricht und infolgedessen mit einer verbesserten Ausgangssituation in die Auseinandersetzung um die Rechtmäßigkeit der Kündigungen gehen kann. Hier ist taktisches Fingerspitzengefühl erforderlich. Es kann durchaus sinnvoll sein, den Arbeitgeber nicht auf Fehler aufmerksam zu machen, sondern sie nur den betroffenen Arbeitnehmern mitzuteilen. Diese können sie dann erfolgreich im Kündigungsschutzprozess verwerten.

Zu beachten ist, dass allein »Bedenken« nicht bewirken, dass ein Weiterbeschäftigungsanspruch aus § 102 Abs. 5 BetrVG für die betroffenen Arbeitnehmer entsteht. Nur ein ordnungsgemäßer Widerspruch verschafft diesen Anspruch,

Auch wenn sich der Betriebsrat nur in der Lage sieht, Bedenken geltend zu machen, so sollte er eine **Kopie** dieses **Schreibens** dem **betroffenen Arbeitnehmer**

übergeben. Der Arbeitgeber ist nämlich nicht verpflichtet, dem Kündigungsschreiben die Bedenken des Betriebsrats beizufügen.

Schriftform und Begründung beachten

Nicht begründete oder nur **mündlich** vorgetragene **Bedenken** (zur Schriftform s. die Ausführungen unter III.4.) braucht der **Arbeitgeber** von vornherein **nicht zu beachten**.

Teilt der Arbeitgeber dem Betriebsrat mit, dass er dem Arbeitnehmer **außerordentlich** und **hilfsweise ordentlich** kündigen will, so muss sich der Betriebsrat mit beiden Kündigungsarten beschäftigen und zu beiden Stellung nehmen. Er muss also die Gründe sowohl für die außerordentliche als auch für die hilfsweise beabsichtigte ordentliche Kündigung prüfen und gegen sie Bedenken und gegebenenfalls Widerspruch erheben.

Bei einer solchen Kündigungsabsicht muss der Arbeitgeber dem Betriebsrat insgesamt eine Äußerungsfrist von einer Woche einräumen, wenn er später mit der außerordentlichen Kündigung bei Gericht nicht durchkommt und deshalb diese in eine ordentliche Kündigung umdeuten will (s. BAG v. 20.9.1984 – 2 AZR 633/82).

Hört der Arbeitgeber **nur** zu einer **außerordentlichen** Kündigung an, so soll sich der Betriebsrat darauf beschränken, nur zu dieser Stellung zu nehmen und ihr auf keinen Fall zuzustimmen. Dadurch erreicht der Betriebsrat, dass in einem nachfolgenden Kündigungsschutzprozess eine Umdeutung der ausgesprochenen außerordentlichen Kündigung in eine ordentliche Kündigung nicht vorgenommen werden kann.

4. Widerspruch gegen die Kündigung

Weiterbeschäftigung ermöglichen

Nur ein frist- und ordnungsgemäßer Widerspruch verbessert unmittelbar die Rechtstellung eines später gekündigten Arbeitnehmers. Ein solcher **Widerspruch ermöglicht** die **Weiterbeschäftigung** des gekündigten Arbeitnehmers gemäß § 102 Abs. 5 BetrVG (zum allgemeinen Weiterbeschäftigungsanspruch – also außerhalb der Voraussetzungen des § 102 Abs. 5 BetrVG – siehe die Ausführungen unter IV.).

Ohne Weiterbeschäftigung sind die Chancen schlecht, den Fortbestand des Arbeitsverhältnisses durch eine Kündigungsschutzklage zu retten. Die Praxis zeigt: Viele Kündigungsschutzprozesse enden – wenn ein Arbeitnehmer erst einmal aus dem Betrieb raus ist – mit dem Verlust des Arbeitsplatzes und der Zahlung einer Abfindung. Die Arbeitgeber kaufen sich frei. Der bereits ausgeschiedene Arbeitnehmer hat seinen Arbeitsplatz also praktisch schon verloren, bevor das Arbeitsgericht über die Rechtmäßigkeit der Kündigung entschieden hat.

Kündigungs-hindernisse

Darüber hinaus hängen wichtige Verteidigungsmöglichkeiten im Kündigungsschutzprozess von dem Widerspruch des Betriebsrats ab. So kann die/der Gekündigte einen Richtlinienverstoß sowie Weiterbeschäftigungsmöglichkeiten nach § 1 Abs. 2 Sätze 2 und 3 KSchG besser gerichtlich geltend machen, wenn ein entsprechender schriftlicher Widerspruch (s. hierzu unter III.5.) vorliegt.

Ein **Widerspruch** ist nach § 102 Abs. 3 BetrVG **nur gegen** eine geplante **ordentliche** (fristgemäße) **Kündigung** möglich. Wird der Betriebsrat zu einer außerordentlichen und gleichzeitig – für den Fall, dass die außerordentliche Kündigung keinen Bestand hat – auch noch zu einer ordentlichen Kündigung angehört, so kann er auch einer solchen »verbundenen« Kündigung widersprechen. Weiterbeschäftigt werden muss der Gekündigte in einem solchen Fall nur, wenn die außerordentliche Kündigung unwirksam ist.

Anforderungen an Widerspruch

Ein **ordnungsgemäßer Widerspruch** liegt **nur dann** vor, wenn
- er innerhalb der **Wochenfrist** (siehe die Ausführungen unter III.1.) dem Arbeitgeber zugeht,
- die **Schriftform** gewahrt ist (Fax oder Kopie reicht, eine Unterschrift des Betriebsratsvorsitzenden oder seines Stellvertreters ist aber erforderlich),
- auf einen der in **§ 102 Abs. 3 BetrVG** genannten **Gründe** Bezug genommen wird und
- **konkrete Tatsachen** zur Ausfüllung der Widerspruchsbegründung aufgeführt werden.

Um zu vermeiden, dass der Arbeitgeber die Stellungnahme des Betriebsrats als rechtlich folgenlose Bedenken behandelt, sollte **stets** das **Wort »Widerspruch«** im Text enthalten sein **und** auch der jeweils herangezogene **Widerspruchgrund des § 102 Abs. 3 BetrVG mit Nummer** benannt werden:

> »Der Betriebsrat widerspricht der beabsichtigten Kündigung von Frau Anne Dreher nach § 102 Abs. 3 Nrn. 3 und 5 BetrVG.
>
> Begründung: ...«

Auch bei verhaltens- und personenbedingten Kündigungen

Ein **Widerspruch** ist **nicht nur bei betriebsbedingten Kündigungen** möglich. Er kommt vielmehr auch bei verhaltens- und personenbedingten Kündigungen in Betracht. So hat das BAG festgestellt, dass eine personen- oder verhaltensbedingte Kündigung sozial ungerechtfertigt ist, wenn der Arbeitnehmer an einem anderen Arbeitsplatz in demselben Betrieb oder in einem anderen Betrieb des Unternehmens weiter beschäftigt werden kann und der Betriebsrat aus diesem Grunde der Kündigung innerhalb der Frist des § 102 Abs. 2 Satz 1 BetrVG schriftlich widersprochen hat (s. BAG v. 22.7.1982 – 2 AZR 30/81).

Schriftform

Der **Widerspruch** muss – obwohl dies nicht ausdrücklich im Gesetz steht – vom Betriebsrat **schriftlich erhoben und begründet** werden. Dies verlangt die herrschende Meinung (s. DKW, § 102 Rn. 200 f.). Erforderlich ist entweder ein im **Original** handschriftlich unterzeichnetes **Schreiben,** eine **Kopie** oder ein **Fax,** aus dem die Urheberschaft des Betriebsrats hervorgeht (BAG, Beschluss v. 11.6.2002 – 1 ABR 43/01). Nach einer zu § 93 Abs. 3 BetrVG ergangenen Entscheidung des BAG (Beschluss v. 10.3.2009 – 1 ABR 93/07) reicht auch eine **E-Mail** aus, die den Erfordernissen der Textform nach § 126b BGB entspricht (also: Abschluss der Erklärung durch Namen mit Vertretungsbenennung, z.B. »für den Betriebsrat«). Wenn dieser elektronische Weg gewählt wird, sollte besonders sorgfältig auf eine nachhaltige Dokumentation geachtet werden.

Es reicht nicht aus, wenn der Betriebsrat in seiner Stellungnahme lediglich den Gesetzestext wiederholt oder nur auf das Gesetz verweist – ein leider immer wieder vorkommender Fehler! Auch die nur schlagwortartige Beschreibung eines Widerspruchgrundes ist nicht ordnungsgemäß. So **reicht** es **nicht** aus, wenn etwa wie folgt formuliert wird:

> »Der Betriebsrat widerspricht der Kündigung von Herrn Eugen Müller nach § 102 Abs. 3 Nr. 1 BetrVG aus sozialen Gründen.«

oder:

> »Es ist eine falsche soziale Auswahl getroffen worden.«

Widerspruch nur mit bestimmten Begründungen

Mit derartigen Widersprüchen ist niemandem geholfen – außer dem Arbeitgeber, der nunmehr sofort kündigen kann! Sie lösen weder den Weiterbeschäftigungsanspruch aus, noch helfen sie dem Betroffenen im Kündigungsschutzprozess. Der Betriebsrat muss vielmehr angeben, warum gerade bei der Auswahl von Herrn Müller soziale Gesichtspunkte nicht hinreichend berücksichtigt worden sind.

Der **Betriebsrat ist** bei der Prüfung, ob ein Widerspruch erhoben werden kann, grundsätzlich **an** den in § 102 Abs. 3 BetrVG **abschließend aufgeführten Katalog von Widerspruchsgründen gebunden**. Macht der Betriebsrat Gesichtspunkte geltend, die in § 102 Abs. 3 BetrVG nicht erwähnt sind, so handelt es sich hierbei nur um »Bedenken«.

Der Betriebsrat sollte bei betriebsbedingten Kündigungen für seine Überlegungen, ob er widersprechen kann, nach folgender grober Checkliste vorgehen:

Checkliste

1. Liegt eine fehlerhafte Sozialauswahl vor? (s. im Einzelnen unter II. 5.1)
2. Hat der Arbeitgeber gegen eine Auswahlrichtlinie verstoßen? (s. im Einzelnen unter II. 5.2)
3. Gibt es Weiterbeschäftigungsmöglichkeiten?
   - ohne Umschulung? (s. im Einzelnen unter II. 5.3)
   - nach Umschulung? (s. im Einzelnen unter II. 5.4)
   - unter veränderten Vertragsbedingungen? (s. im Einzelnen unter II. 5.5)

Diese Checkliste ist zu ergänzen, wenn die im Gesetz vorgesehenen **Widerspruchsgründe durch** eine freiwillige, aber zulässige **Betriebsvereinbarung erweitert** werden, z. B. durch folgende Regelung:

Erweiterung der Widerspruchsmöglichkeiten

»Der Betriebsrat kann einer beabsichtigten Kündigung immer dann mit der Wirkung des § 102 Abs. 5 BetrVG widersprechen, wenn ein Grund für eine sozial gerechtfertigte Kündigung fehlt.«

Mit einer solchen Betriebsvereinbarung kann der Betriebsrat seinen Widerspruch auf alle nach dem Kündigungsschutzgesetz erheblichen Gesichtspunkte erstrecken. Der Weiterbeschäftigungsanspruch wäre dann praktisch bei jeder ordentlichen Kündigung gesichert, wenn nur der Betriebsrat anhand von Tatsachen darlegen kann, warum er die soziale Rechtfertigung einer Kündigung für nicht gegeben ansieht.

Die Widerspruchsgründe, die der Betriebsrat im notwendigen Umfange anhand von Tatsachen konkretisiert hat, müssen sich bei der anschließenden gerichtlichen Überprüfung im Kündigungsschutzprozess nicht als stichhaltig erweisen. Es reicht aus, dass der Widerspruch anhand der vom Betriebsrat angeführten Tatsachen plausibel erscheint. Die vom Betriebsrat genannten Umstände müssen unter einen der im Gesetz aufgeführten Widerspruchsgründe passen (s. hierzu DKW, § 102 Rn. 205).

5. Die einzelnen Widerspruchsgründe

5.1 Fehlerhafte Sozialauswahl

Nach **§ 102 Abs. 3 Nr. 1 BetrVG** kann der Betriebsrat einer betriebsbedingten Kündigungsabsicht widersprechen, wenn die vom Arbeitgeber getroffene Sozialauswahl angreifbar ist.

Betriebsrat kann umfassend Sozialauswahl rügen

Dabei kann und sollte der Betriebsrat **alle Fakten** aufführen, die nach seiner Auffassung **die besondere soziale Schutzwürdigkeit begründen**. Zwar hat der Gesetzgeber in § 1 Abs. 3 Satz 1 KSchG die Sozialauswahlkriterien auf Betriebszugehörigkeit, Lebensalter, Unterhaltspflichten und Schwerbehinderung begrenzt. § 102 Abs. 3 Nr. 1 BetrVG ist aber nicht verändert worden. Danach kann der Betriebsrat seinen Widerspruch auf die Nicht-Berücksichtigung oder nicht ausreichende Berücksichtigung »sozialer Gesichtspunkte« stützen. Der Betriebsrat sollte deshalb so vorgehen, dass er zuerst die in § 1 Abs. 3 Satz 1 KSchG genannten Kriterien überprüft und gegebenenfalls rügt. Wenn darüber hinausgehend noch zusätzliche ergänzende Gesichtspunkte (wie z. B. Vorliegen einer Berufskrankheit, erlittener Arbeitsunfall, schlechte Arbeitsmarktchancen, Alleinerzieher-Situation oder Pflegebedürftigkeit von Angehörigen) gegeben sind, sollte auch auf diese hingewiesen werden.

Eine richtige Sozialauswahl muss nur bei **betriebsbedingten Kündigungen** stattfinden (nicht nur bei Beendigungs-, sondern **auch bei Änderungskündigungen**, BAG v. 18.5.2017 – 2 AZR 606/16). Bei Letzteren kommt es darauf an, welchem vergleichbaren Arbeitnehmer die Änderung der Arbeitsbedingungen in sozialer Hinsicht am ehesten zumutbar ist, s. BAG v. 19.5.1993 – 2 AZR 584/92). Ist demgegenüber eine personen- oder verhaltensbedingte Kündigung beabsichtigt, so kann der Betriebsrat nicht wegen falscher Sozialauswahl widersprechen. Tut er es gleichwohl, so handelt es sich hierbei rechtlich nicht um einen »Widerspruch«, sondern um »Bedenken«.

Das Gleiche gilt, wenn nicht die fehlerhafte Sozialauswahl, sondern das dringende betriebliche Erfordernis für die Kündigung (also die Betriebsbedingtheit selbst) vom Betriebsrat bestritten wird. Derartige Bedenken sollten aber stets erhoben werden, wenn der Betriebsrat die betrieblichen Erfordernisse für den Wegfall von Arbeitsplätzen nicht nachvollziehen kann. Dadurch wird zwar der besondere Weiterbeschäftigungsanspruch des § 102 Abs. 5 BetrVG nicht ausgelöst, wohl aber verbessern sich vor Gericht die individuellen Erfolgschancen für die betroffenen Arbeitnehmer.

Letztverantwortung des Arbeitgebers

Bei den Überlegungen, ob der Betriebsrat wegen mangelhafter Sozialauswahl widersprechen soll, ist grundlegend zu berücksichtigen, dass die eigentliche Auswahlentscheidung des oder der zu kündigenden Arbeitnehmer niemals vom Betriebsrat, sondern stets vom Arbeitgeber zu treffen und zu verantworten ist. Der Betriebsrat sollte es deshalb vermeiden, **diejenigen namentlich** zu **benennen, denen vorrangig zu kündigen wäre**.

Allerdings lässt sich nicht vermeiden, dass der Betriebsrat dem Arbeitgeber mit seinem Widerspruch Hinweise gibt, in welchem Bereich sozial stärker gestellte Arbeitnehmer vorhanden sind. Folgender Widerspruch würde **nicht** ausreichen:

»Der Betriebsrat widerspricht der Kündigung von Herrn Eugen Müller nach § 102 Abs. 3 Nr. 1 BetrVG. Herr Müller ist schon über 50 Jahre alt und seit 15 Jahren im Betrieb. Er hat zwei in Ausbildung befindliche Kinder zu versorgen und würde gegenwärtig keinen neuen Arbeitsplatz finden. Die Kündigung würde deshalb eine sozial nicht gerechtfertigte Härte bedeuten.«

Diese Begründung reicht für einen ordnungsgemäßen Widerspruch deshalb nicht aus, weil der Betriebsrat damit nicht zu erkennen gibt, dass es Arbeitnehmer mit besserem Sozialstatus gibt, die vor dem zu Kündigenden zu entlassen wären. Bei einem derartigen »Widerspruch« würde es sich demnach um bloße »Bedenken« handeln, welche sich insgesamt gegen die soziale Rechtfertigung der Kündigung richten.

Keine Namen nennen

Auf der anderen Seite kann an einen ordnungsgemäßen Widerspruch nicht die Anforderung gerichtet werden, dass darin Arbeitnehmer namentlich benannt werden, welche eine Kündigung weniger hart treffen würde. Namensnennungen sollte ein Betriebsrat stets unterlassen, will er sich nicht dem Vorwurf ausgesetzt sehen, er hätte andere Arbeitnehmer »ans Messer geliefert«. Auch das BAG (v. 9.7.2003 – 5 AZR 305/02) lässt es ausreichen, wenn die sozial besser gestellten Arbeitnehmer anhand abstrakter Merkmale aus dem Widerspruchsschreiben **bestimmbar** sind. Nach BAG müssen die weniger Schutzwürdigen jedenfalls identifizierbar sein. Zwar muss der Betriebsrat nicht die einzelnen Sozialdaten aufführen, er soll jedoch verpflichtet sein mitzuteilen, welche Gründe aus seiner Sicht zu einer anderen Bewertung der sozialen Schutzwürdigkeit führen (BAG, a.a.O.).

Die Aufgabe ist für den Betriebsrat nicht einfach zu lösen. Wenn nach der Wertung des Kündigungsschutzgesetzes bei der Notwendigkeit betriebsbedingter Entlassungen zuerst die sozial am besten dastehenden Arbeitnehmer betroffen sein sollen, so ist es auch moralisch-politisch sachgerecht, dass der Betriebsrat darauf hinwirkt, dass sozial schwächere Arbeitnehmer ihren Arbeitsplatz behalten, selbst wenn dies zum Ergebnis führt, dass der Arbeitgeber die sozial Stärkeren entlässt. Die Kündigungsentscheidung selbst ist nicht vom Betriebsrat, sondern allein vom Arbeitgeber zu verantworten. Die **Gratwanderung**, einerseits **nicht zu wenig** und andererseits **nicht zu viel** zu sagen, ist ein schwieriges Geschäft.

Die Widerspruchsbegründung nach § 102 Abs. 3 Nr. 1 BetrVG muss zweierlei enthalten:

- Eine **nähere Bezeichnung der Arbeitsplätze**, die der Betriebsrat für vergleichbar hält und deshalb in die soziale Auswahl einbezogen wissen möchte. Dafür reicht es aus, die Abteilungen oder Betriebsteile konkret anzugeben und mitzuteilen, ob es sich um einen oder mehrere vergleichbare Arbeitsplätze handelt sowie eine nähere, identifizierbare Bezeichnung der besser gestellten Arbeitnehmer;
- die **sozialen Gesichtspunkte,** die der Arbeitgeber bei der von ihm getroffenen Auswahl nicht oder nicht ausreichend berücksichtigt hat.

Der **Widerspruch** könnte **etwa folgendermaßen** lauten:

»Der Betriebsrat erhebt gegen die Kündigung von Herrn Eugen Müller aufgrund des § 102 Abs. 3 Nr. 1 BetrVG Widerspruch.

Begründung: In der Versandabteilung, in der Herr Müller als Packer arbeitet, befinden sich mehrere Arbeitnehmer auf vergleichbaren Arbeitsplätzen, die eine Kündigung sozial nicht so hart treffen würde. Insbesondere sind mehrere Arbeitnehmer wesentlich jünger und haben eine kürzere Betriebszugehörigkeit als Herr Müller.«

oder:

»In unserem Betrieb gibt es in den Abteilungen ... mehrere Arbeitnehmer in vergleichbarer Tätigkeit wie Herr Meier. Diese würde eine Kündigung sozial nicht so hart treffen. Insbesondere gehören diese Arbeitnehmer dem Betrieb wesentlich kürzer an als Herr Meier.«

Selbst nachforschen

Die Möglichkeiten des Betriebsrats zum Widerspruch bei der Sozialauswahl erstrecken sich nicht nur auf die ihm vom Arbeitgeber benannten vergleichbaren Arbeitnehmer. Vielmehr kann der Betriebsrat auch aufgrund eigener Kenntnis oder nach entsprechenden Nachforschungen weitere Arbeitsplätze heranziehen, wenn dort Arbeitnehmer beschäftigt sind, welche die Kündigung weniger hart treffen würde.

Zur Vorbereitung eines ordnungsgemäßen Widerspruchs sind in einem **Doppelschritt** folgende Überlegungen bzw. Nachforschungen anzustellen:

a) Welche Beschäftigten, denen nicht gekündigt wird, sind mit dem/den zu kündigenden vergleichbar?

Vergleichbare Arbeitsplätze im Betrieb

Vorab ist festzustellen, dass sich die **Sozialauswahl auf** den **gesamten Betrieb** (nicht aber auf das Unternehmen oder sogar den Konzern) zu erstrecken hat und keineswegs auf eine Abteilung oder diejenigen Betriebsteile beschränkt werden darf, in denen konkret der Bedarf an Arbeitskräften entfallen ist (s. BAG v. 15.6.1989 – 2 AZR 580/88). Auch die Arbeitnehmer in räumlich weit entfernten Betriebsteilen, die jedoch organisatorisch mit dem Hauptbetrieb verbunden sind, müssen einbezogen werden (BAG v. 3.6.2004 – 2 AZR 577/03).

Soweit sich mehrere Unternehmen zur gemeinsamen Führung eines Betriebes verbunden haben (zu den Voraussetzungen s. BAG, Beschluss vom 24.1.1996 – 7 ABR 10/95), besteht für die jeweiligen Arbeitgeber die Verpflichtung, die **Sozialauswahl** unternehmensübergreifend (d.h. bezogen auf alte vergleichbaren Beschäftigten des gesamten **Gemeinschaftsbetriebs**) durchzuführen (s. BAG v. 13.9.1995 – 2 AZR 954/94).

In Großbetrieben mag dieser weite Rahmen für die Überprüfung der richtigen Sozialauswahl Schwierigkeiten bereiten. Hier können **Auswahlrichtlinien** helfen, welche gemäß § 95 BetrVG mit Zustimmung des Betriebsrats den Kreis der in die Sozialauswahl einzubeziehenden Arbeitnehmer festlegen. Die Richtlinie darf die Gruppe der zu vergleichenden Arbeitnehmer aber nicht von vornherein auf bestimmte Abteilungen beschränken (s. BAG v. 15.6.1989 – 2 AZR 580/88).

Wie stellt man fest, welche Arbeitnehmer miteinander vergleichbar sind?

Vergleichbar sind solche **Arbeitnehmer, die austauschbar sind.** Die Vergleichbarkeit richtet sich in erster Linie nach arbeitsplatzbezogenen Merkmalen, also zunächst nach der ausgeübten Tätigkeit. Es ist zu prüfen, ob der Arbeitnehmer, dessen Arbeitsplatz weggefallen ist, die Funktionen des anderen Arbeitnehmers wahrnehmen kann. Das gilt nicht nur bei identischen Arbeitsplätzen, sondern auch dann, wenn der Arbeitnehmer aufgrund seiner Fähigkeiten und Ausbildung oder nach dem Inhalt der vertraglich geschuldeten Arbeiten eine andersartige, aber gleichwertige Tätigkeit ausführen kann (BAG v. 20.6.2013 – 2 AZR 271/12). Die Notwendigkeit einer kurzen **Einarbeitungszeit steht** der **Vergleichbarkeit nicht entgegen**. Nach BAG (v. 18.3.1999 – 8 AZR 190/98) darf die Einarbeitungszeit nicht erheblich sein, bzw. es muss der/die Betreffende alsbald eingesetzt werden können.

Grundsätzlich ist auch eine Sozialauswahl unter Einbeziehung von **Voll- und Teilzeitbeschäftigten** vorzunehmen, es sei denn, der Arbeitgeber hat eine nachvollziehbare unternehmerische Entscheidung getroffen, bestimmte Aufgaben nur mit einer dieser jeweiligen Beschäftigtengruppe zu verfolgen (BAG v. 3.12.1998 – 2 AZR 341/98).

Die tarifliche **Eingruppierung** kann für die Beurteilung der Vergleichbarkeit herangezogen worden. Diese verliert allerdings nach der Rechtsprechung des BAG (v. 5.5.1994 – 2 AZR 917/93) ebenso wie die **gleiche Berufsbezeichnung** mit steigender beruflicher Qualifikation ihren Aussagewert, weil auch eine betriebliche **Spezialisierung** ebenso wie ein **aktueller Kenntnisstand** der Austauschbarkeit entgegenstehen kann. In dem konkreten Streitfall hielt das BAG eine Einarbeitungszeit von drei Monaten für die Herstellung der Vergleichbarkeit als für zu lang. Von diesem – auf den Einzelfall bezogenen – »engen Korsett« sollten sich Betriebsräte bei ihrer Stellungnahme nicht einschränken lassen. Die Vergleichbarkeit fehlt, wenn der Arbeitgeber den Arbeitnehmer **nicht einseitig** auf den anderen Arbeitsplatz, den der sozial bessergestellte Arbeitnehmer innehat, **versetzen** kann (zu alledem s. BAG v. 15.6.1989 – 2 AZR 580/88).

Keine vertikale Vergleichbarkeit

Der Vergleich hat sich nach der Rechtsprechung des BAG (s. Grundsatzurteil v. 29.3.1990 – 2 AZR 369/89) auf dieselbe Ebene der Betriebshierarchie (sog. **horizontale Vergleichbarkeit**) zu erstrecken; d.h. Arbeitnehmer mit schlechteren oder besseren Arbeitsbedingungen sind nicht einzubeziehen. Das BAG will mit der **Ablehnung** einer **vertikalen Vergleichbarkeit** einen »Veränderungswettbewerb nach oben oder nach unten« verhindern. Da die Sozialauswahl demnach nur auf derselben Ebene der Betriebshierarchie anzustellen ist, kommt es von vornherein auch nicht darauf an, ob die von einer Kündigungsabsicht betroffenen Beschäftigten überhaupt bereit gewesen wären, zu geänderten Bedingungen in einer anderen Hierarchieebene zu arbeiten. Das ist bei der Überprüfung der Richtigkeit der getroffenen Sozialauswahl ohne Bedeutung, ermöglicht aber auf § 102 Abs. 3 Nrn. 3–5 BetrVG gestützte Widersprüche (s. hierzu unter III.1. 5.3 und III. 5.5).

In die Sozialauswahl nicht einzubeziehen sind nur diejenigen Beschäftigten, deren **Weiterbeschäftigung** im berechtigten betrieblichen Interesse liegt (§ 1 Abs. 3 Satz 2 KSchG). Die erforderlichen **Unterschiede bei Fähigkeiten, Kenntnissen und Leistungen** müssen so erheblich sein, dass nachweisbare und anderweitig nicht vermeidbare betriebliche Schwierigkeiten entstünden, wenn ein sozial weniger schützenswerter Arbeitnehmer entlassen werden müsste. Die **Sicherung einer ausgewogenen Personalstruktur** des Betriebes stellt nach der ab 1.1.2004 anzuwendenden Neufassung des § 1 Abs. 3 Satz 2 KSchG ebenfalls einen Grund dar, einen sozial besser gestellten Arbeitnehmer aus der Sozialauswahl herauszunehmen. Gemeint ist hier die Altersstruktur, aber auch z.B. die Sicherung vorhandener Qualifikation (so BAG v. 28.8.2003 – 2 AZR 368/02). Anders als in der Insolvenz (s. dort § 125 InsO) darf aber im Rahmen der Sozialauswahl nicht eine vorher nicht vorhandene ausgewogene Personalstruktur erst neu geschaffen werden.

b) Welche persönlichen und sozialen Daten sind für die Beurteilung der sozialen Schutzwürdigkeit wichtig?

Zu den nach § 1 Abs. 3 Satz 1 KSchG zu berücksichtigenden Gesichtspunkten zählen die Dauer der **Betriebszugehörigkeit,** das **Lebensalter, Unterhaltspflichten** und **Schwerbehinderung.** Das BAG (v. 5.11.2009 – 2 AZR 676/08) hat hierzu Folgendes festgestellt:

- Wie die einzelnen Sozialauswahlkriterien untereinander zu gewichten sind, ist gesetzlich nicht vorgegeben. Keinem von ihnen kommt Priorität gegenüber anderen zu.
- Den Betriebsparteien steht ein großer Beurteilungsspielraum zu, im Rahmen einer Auswahlrichtlinie nach § 95 BetrVG Gewichtungen festzulegen.
- Es stellt keine unzulässige Altersdiskriminierung dar, wenn das Lebensalter linear berücksichtigt wird, also die Schutzwürdigkeit insoweit mit steigendem Alter kontinuierlich zunimmt und keine Altersgruppen gebildet werden. Letzteres ist allerdings auch nicht unzulässig (dazu s. BAG v. 6.11.2008 – 2 AZR 701/07).

Nach der Begründung des am 1.1.2004 in Kraft getretenen Gesetzes zu Reformen am Arbeitsmarkt soll allerdings die **Beschränkung auf die Grunddaten nicht die Beachtung unbilliger Härten im Einzelfall** ausschließen, wenn ein unmittelbarer Zusammenhang mit den Grunddaten gegeben ist, etwa bei Berufskrankheiten oder einem Arbeitsunfall. Bei der Unterhaltpflicht kann berücksichtigt werden, ob jemand Alleinerzieher/in ist.

Taktisches Vorgehen

Da zu erwarten ist, dass die Arbeitsgerichte die Frage, welche sozialen Gesichtspunkte zusätzlich zu berücksichtigen sind, unterschiedlich beantworten werden, sollte der Betriebsrat stets versuchen, seinen Widerspruch mit einer nicht ausreichenden Berücksichtigung oder Gewichtung der vier sozialen Grunddaten gemäß § 1 Abs. 3 Satz 1 KSchG zu begründen und ergänzend auf **weitere soziale Probleme und Notlagen** hinweisen. Dadurch wird der Widerspruch »nicht zu einem nicht ordnungsgemäßen«.

Der Betriebsrat sollte auch versuchen, mit seinem Widerspruch auf eventuelle Vorhaben des Arbeitgebers Einfluss zu nehmen, den **Kreis** der in die **Sozialauswahl** einzubeziehenden Personen nach seinen betrieblichen Nützlichkeitserwägungen einzuschränken. Schließlich ist heute nicht vorhersehbar, welche Anforderungen die Arbeitsgerichte in den nächsten Jahren an die Sozialauswahl stellen werden. Aus diesem Grunde sollten alle Betriebsräte, **alles** in den Widerspruch aufnehmen, **was gegen die Kündigungsabsicht** des Arbeitgebers **spricht**.

Namensliste

Wenn bei einer geplanten Betriebsänderung die Arbeitgeberseite vom Betriebsrat im Rahmen von Interessenausgleichsverhandlungen die Aufstellung einer Liste mit den Namen der zu kündigenden Arbeitnehmer verlangt, so sollte der Betriebsrat dies **ablehnen**. Steht nämlich jemand auf einer solchen **Namensliste,** so hat er nach der Neufassung des § 1 Abs. 5 KSchG praktisch keine Chance mehr, seinen Arbeitsplatz mit einer Kündigungsschutzklage zu verteidigen. In solchen Fällen ist die Vorlage einer **Richtlinie mit abstrakten Auswahlkriterien** nach § 95 BetrVG die bessere Lösung. So kann der Prozess der Sozialauswahl objektiviert werden, ohne Namen nennen zu müssen.

Hat der Arbeitgeber bei der Entlassung mehrerer Arbeitnehmer **einen** mit diesen vergleichbaren, **sozial besser gestellten Arbeitnehmer nicht gekündigt** – ohne dafür berechtigte betriebliche Gründe zu haben – so können sich in nachfolgenden (Individual-)Kündigungsschutzprozessen **nur diejenigen** gekündigten Arbeitnehmer auf diesen Auswahlfehler mit Erfolg berufen, denen bei korrekter Sozialauswahl nicht hätte gekündigt werden dürfen (s. BAG v. 9.11.2006 – 2 AZR 812/05). Der Betriebsrat soll nach Ansicht des BAG (v. 9.7.2003 – 5 AZR 305/02) auch nur dann ordnungsgemäß widersprochen haben, wenn er in jedem Einzelkündigungsanhörungsfall jeweils **andere** weniger schutzwürdige Arbeitnehmer bestimmbar bezeichnet. Auf denselben Bessergestellten kann demnach der Betriebsrat seinen Widerspruch nicht mehrfach stützen.

Nachschieben von Sozialdaten

Nach Auffassung des BAG (v. 15.6.1989 – 2 AZR 580/88) soll eine im Rahmen des Anhörungsverfahrens gegenüber dem Betriebsrat gemachte, nach objektiven Gesichtspunkten unvollständige Mitteilung vergleichbarer Arbeitnehmer und ihrer Sozialdaten den **Arbeitgeber** nicht hindern, im nachfolgenden **Individual-Kündigungsschutzprozess** diese **Daten nachzuschieben**, wenn sich der gekündigte Arbeitnehmer auf einen diesbezüglichen Sozialauswahlfehler beruft. Es soll sich dann lediglich um eine Konkretisierung, nicht aber um einen neuen Kündigungssachverhalt handeln.

5.2 Richtlinienverstoß

Der Betriebsrat kann einer Kündigung nach **§ 102 Abs. 3 Nr. 2 BetrVG** widersprechen, wenn die beabsichtigte Kündigung gegen eine Auswahlrichtlinie verstößt. Ein Richtlinienverstoß kann bei **allen Formen ordentlicher Kündigung** geltend gemacht werden, also nicht nur bei betriebsbedingten Kündigungen, sondern auch bei personen- und verhaltensbedingten Kündigungen.

Verstoß führt zur Weiterbeschäftigung und Unwirksamkeit der Kündigung

Hat der Betriebsrat – mit Gründen versehen – wegen eines Richtlinienverstoßes widersprochen, so bewirkt dies nicht nur für den gleichwohl Gekündigten den Weiterbeschäftigungsanspruch nach § 102 Abs. 5 BetrVG. Er stellt in dem nachfolgenden (Individual-)Kündigungsschutzprozess zugleich einen absoluten Sozialwidrigkeitsgrund dar (s. § 1 Abs. 2 Nr. 1a KSchG). Voraussetzung ist auch hier, dass der Widerspruch des Betriebsrats schriftlich erfolgt und fristgemäß ist.

Der Widerspruchgrund gemäß § 102 Abs. 3 Nr. 2 BetrVG setzt die **Existenz** einer **Auswahlrichtlinie** für Kündigungen voraus.

In Betrieben mit mehr als 500 Arbeitnehmern steht dem Betriebsrat nach § 95 BetrVG ein Initiativrecht zur Durchsetzung von Auswahlrichtlinien zu. Liegt die Beschäftigtenzahl des Betriebes unter dieser Zahl, so bedarf eine Richtlinie, die der Arbeitgeber seinen Kündigungsentscheidungen zugrunde legt, der Zustimmung des Betriebsrats. Da für eine Auswahlrichtlinie nach § 95 BetrVG keine schriftliche Form verlangt ist, reicht es aus, dass der Arbeitgeber seine Personalentscheidung nach einem bestimmten Auswahlsystem trifft. Auch hierin liegt die Praktizierung einer Auswahlrichtlinie (so auch Fitting, § 95 Rn. 9). Der Betriebsrat kann dem Arbeitgeber die Anwendung einer einseitigen Auswahlrichtlinie gerichtlich untersagen lassen – gegebenenfalls mittels einer einstweiligen Verfügung.

Bestimmtes allgemeines Auswahlsystem

In allen Fällen, in denen der Arbeitgeber seinen Kündigungsentschlüssen ein bestimmtes Auswahlsystem zugrunde legt (ob Letzteres also schriftlich festgelegt ist oder nicht, ist unerheblich, ebenso, ob der Betriebsrat hierzu seine Zustimmung gegeben hat oder nicht), kann der Betriebsrat einer Kündigung widersprechen, wenn der Arbeitgeber von diesem Auswahlsystem abweicht.

In größeren Betrieben, wo immer wieder Kündigungen vorkommen, empfiehlt es sich im Interesse einer Objektivierung der Kündigungsentscheidungen, Auswahlrichtlinien zu vereinbaren und schriftlich zu fixieren. Den Betriebsparteien steht bei der Aufstellung von Auswahlrichtlinien ein Bewertungsspielraum zu, welcher auch die Einführung eines **Punktesystems** zur Objektivierung sozialer Auswahlgesichtspunkte ermöglicht.

Grenzen der Auswahlrichtlinien

Auswahlrichtlinien für betriebsbedingte Kündigungen müssen den Wertungen des § 1 Abs. 3 KSchG entsprechen, d.h. sie dürfen die Gruppe der vergleichbaren Arbeitnehmer **nicht enger, wohl aber weiter** ziehen, **als** vom **Gesetz** vorgesehen. Insbesondere dürfen sie die Sozialauswahl nicht schematisch auf bestimmte Betriebsabteilungen oder Arbeitnehmergruppen beschränken (BAG v. 15. 6. 1989 – 2 AZR 580/88).

Von Gesetzes wegen gibt es keine Vorgaben für die Gewichtung der gemäß § 1 Abs. 3 Satz 1 KSchG zu berücksichtigenden Sozialdaten. Auch die Gerichte haben den Wertungsspielraum der Betriebsparteien zu beachten. Weder Lebensalter noch Betriebszugehörigkeit haben allgemeine Priorität. Dasselbe gilt bei der Frage, ob eigenes Einkommen eines Ehegatten dazu führt, dass insoweit keine Unterhaltspflicht anzunehmen ist. Das ist nicht allgemein festgelegt, sondern muss jeweils betrieblich geklärt werden (s. BAG v. 5.12.2002 – 2 AZR 549/01).

Der Wertungsspielraum der Betriebsparteien ergibt sich auch aus der Neufassung des § 1 Abs. 4 KSchG. Danach kann ein Gericht eine Kündigung nur dann für unwirksam erklären, wenn die Bewertung der Sozialdaten im Verhältnis zueinander grob fehlerhaft war, also jede Ausgewogenheit klar erkennbar fehlt (BAG v. 28.8.2003 – 2 AZR 368/02).

Bislang ungeklärt ist nach der Gesetzeslage ab dem 1.1.2004 die Frage, ob die Betriebsparteien zusätzlich zu einer Vorauswahl mit Hilfe einer Punktetabelle noch weitere soziale Gesichtspunkte, die nicht in § 1 Abs. 3 Satz 1 KSchG genannt sind, berücksichtigen dürfen. Das ist zumindest dann zu bejahen, wenn sich ein Zusammenhang mit den Sozialdaten des § 1 Abs. 3 Satz 1 KSchG herstellen lässt. Dies gilt z.B. bei der Berücksichtigung von Berufskrankheiten oder Arbeitsunfällen sowie des Umstands, dass jemand alleinerziehend ist.

Selbstverständlich dürfen Auswahlrichtlinien auch nicht gegen sonstiges zwingendes Gesetzesrecht verstoßen (etwa, wenn Betriebszugehörigkeitszeiten bei Teilzeitkräften nur hälftig zählen. Darin läge ein Verstoß gegen § 4 Abs. 1 TzBfG); sie haben die Grundsätze des § 75 BetrVG zu beachten, dürfen also z.B. nicht zu einer Diskriminierung von Frauen und Ausländern führen – auch nicht zu einer versteckten Form der Diskriminierung.

Liegt – was nicht geschehen sollte – eine rechtlich **unzulässige Auswahlrichtlinie** vor, sei es,

- weil der Betriebsrat an deren Aufstellung nicht beteiligt wurde oder
- dass unzulässige Inhalte gegeben sind (z.B. diskriminierende Aspekte),

so **kann** der **Betriebsrat** zwar **bei Einhaltung** dieser Richtlinie **nicht** bezogen auf **§ 102 Abs. 3 Nr. 2 BetrVG widersprechen, wohl aber** gegebenenfalls nach **§ 102 Abs. 3 Nr. 1 BetrVG** (wegen falscher Sozialauswahl).

Sonstige Inhalte der Richtlinien

Da das Auswahlermessen des Arbeitgebers in einer Richtlinie nach § 95 BetrVG in jeder Hinsicht eingeengt werden darf (s. BAG, Beschluss v. 27.10.1992 – 1 ABR 4/92), können auch **Verfahrensfragen** vor Ausspruch einer Kündigung festgelegt werden. So kann etwa bestimmt werden, dass vor jeder Kündigungsanhörung der **Personalausschuss** eingeschaltet werden muss und/oder die von der Kündigungsabsicht **betroffenen Arbeitnehmer anzuhören** sind.

Vor Ausspruch betriebsbedingter Kündigungen kann vorgesehen sein, dass **Umsetzungen, Versetzungen, Umschulungen, Kurzarbeit** etc. geprüft werden müssen. Vor verhaltensbedingten Kündigungen (z. B. wegen mangelhafter Arbeitsleistung) kann vorgeschrieben werden, dass dieser mindestens eine zweifache ergebnislose **Abmahnung** voranzugehen hat.

Bei einer Kündigung wegen Langzeiterkrankungen oder häufig wiederkehrenden Erkrankungen kann vorgesehen werden, dass zunächst ein **»Krankengespräch«** unter Beteiligung des Betriebsrats stattzufinden hat, in welchem nicht nur die zukünftig zu erwartenden Fehlzeiten, sondern auch die Möglichkeiten der Reduzierung der Gesundheitsrisiken und einer anderweitigen Arbeitszuweisung abgeschätzt werden sollen.

Formulierungsbeispiel für einen Widerspruch:

»Der Betriebsrat erhebt gegen die Kündigung von Frau Eva Schulze gemäß § 102 Abs. 3 Nr. 3 BetrVG Widerspruch.

Begründung:

Die Kündigung verstößt gegen Abschnitt D III 1 der Auswahlrichtlinie vom 20. 2. 1985. Danach hätte der Kündigungsanhörung eine Beratung im Personalausschuss vorangehen müssen, was im vorliegenden Fall nicht geschehen ist.«

Folgen für Kündigungsschutzprozess

Ist in einer Auswahlrichtlinie festgelegt, wie die sozialen Gesichtspunkte im Verhältnis zueinander zu bewerten sind, so kann im Individual-Kündigungsschutzprozess die darauf aufbauende Kündigungsentscheidung insoweit nur auf **grobe Fehlerhaftigkeit** hin überprüft worden (§ 1 Abs. 4 KSchG).

5.3 Weiterbeschäftigung zu unveränderten Vertragsbedingungen

Anderweitiger Arbeitsplatz

Nach **§ 102 Abs. 3 Nr. 3 BetrVG** kann der Betriebsrat einer Kündigung widersprechen, wenn die Weiterbeschäftigung an einem anderen Arbeitsplatz möglich erscheint.

Nach der Rechtsprechung des BAG (v. 11.5.2000 – 2 AZR 54/99) reicht eine **Weiterbeschäftigungsmöglichkeit am alten Arbeitsplatz** nicht aus. Widerspricht danach ein Betriebsrat der Kündigung mit der Begründung, der Arbeitnehmer könne an demselben Arbeitsplatz weiterbeschäftigt werden, so soll hierin kein ordnungsgemäßer Widerspruch liegen.

Diese Rechtsprechung ist abzulehnen, weil nicht einzusehen ist, warum nicht eine Weiterbeschäftigungsmöglichkeit am alten Arbeitsplatz für eine Intervention des Betriebsrats ausreichend sein soll. Deshalb sollte der Betriebsrat nicht darauf verzichten, auch konkrete Vorstellungen zur Weiterarbeit am alten Arbeitsplatz in seine Stellungnahme einzubeziehen (z.B. wenn ausgeführt werden kann, dass eine Weiterbeschäftigung nach Einführung von Kurzarbeit oder durch Aufteilung von Arbeitsplätzen in Teilzeitarbeitsplätze möglich ist). Zumindest sind derartige Feststellungen des Betriebsrats als »Bedenken« sowohl vom Arbeitgeber als auch in einem späteren Kündigungsschutzprozess von den Gerichten zu berücksichtigen.

Der Betriebsrat sollte in Anbetracht der obigen Rechtsprechung sicherheitshalber stets weiter überprüfen, ob nicht **Weiterbeschäftigungsmöglichkeiten an einem anderen Arbeitsplatz** gegeben sind. Dabei kann es sich z.B. um denselben räumlich-organisatorischen Arbeitsplatz in einer anderen Schicht handeln (s. Fitting, § 102 Rn. 90; DKW, § 102 Rn. 225).

Freier Arbeitsplatz

Generelle **Voraussetzung** ist, dass der andere **Arbeitsplatz frei** sein muss. Dabei sind auch solche Arbeitsplätze zu berücksichtigen, bei denen im Zeitpunkt der Kündigung bereits feststeht, dass sie **in absehbarer Zeit** nach Ablauf der Kündigungsfrist **frei** werden, sofern die Überbrückung dieses Zeitraums dem Arbeitgeber unzumutbar ist (s. BAG v. 15.12.1994 – 2 AZR 327/94). Zumutbar ist jedenfalls ein Zeitraum, den ein anderer Stellenbewerber zur Einarbeit benötigen würde (s. BAG, a.a.O.). Sowohl für die Darlegungslast des Arbeitnehmers im (Individual-)Kündigungsschutzprozess als auch für die Stellungnahme des Betriebsrats nach § 102 BetrVG gilt,

- dass es **keine Verpflichtung des Arbeitgebers** gibt, zur Ermöglichung der Weiterbeschäftigung einen **neuen Arbeitsplatz zu schaffen**;

- dass als »frei« nur solche Arbeitsplätze anzusehen sind, die zum Zeitpunkt des **Zugangs der Kündigung** unbesetzt sind bzw. wo mit hinreichender Sicherheit voraussehbar ist, dass (z. B. aufgrund des Ausscheidens eines anderen Arbeitnehmers) ein Arbeitsplatz bis zum Ablauf der Kündigungsfrist zur Verfügung stehen wird oder zumindest in absehbarer Zeit nach Ablauf der Kündigungsfrist (BAG v. 15.12.1994 – 2 AZR 327/94);
- dass **nicht** verlangt werden kann, einen Arbeitsplatz **durch Kündigung** eines anderen Arbeitnehmers **»freizumachen«**. Allerdings muss der Arbeitgeber überprüfen, ob er einen Arbeitsplatz im Rahmen seines Direktionsrechts durch eine Umsetzung oder Versetzung »freimachen« kann (vgl. BAG v. 29.1.1997 – 2 AZR 9/96).
- dass Arbeitsplätze, an denen **dauerhaft Leiharbeitnehmer** eingesetzt werden oder **regelmäßig Mehrarbeit** geleistet wird, auch die Möglichkeit eines anderweitigen Arbeitseinsatzes bieten.

(Zu alledem s. DKW, § 102 Rn. 222–224 sowie BAG v. 7.2.1991 – 2 AZR 205/90.)

Gibt es nur einen oder wenige freie Arbeitsplätze und eine Mehrzahl von Betroffenen, deren alter Arbeitsplatz weggefallen ist, sind bei der Zuweisung der freien Arbeitsplätze **soziale Kriterien mitzuberücksichtigen** (s. BAG v. 15.12.1994 – 2 AZR 320/94).

Zu besseren Bedingungen?

Nach Auffassung des BAG (v. 29.3.1990 – 2 AZR 369/89) muss ein Arbeitgeber die **Weiterbeschäftigungsmöglichkeit** auf einem freien Arbeitsplatz **zu besseren Bedingungen nicht** in seine Überlegungen einbeziehen. Es gäbe keinen Anspruch auf Beförderung. In Betracht zu ziehen seien nur Arbeitsplätze zu den bisherigen (gleichwertigen) oder zu geänderten Bedingungen, wenn Letztere schlechter bzw. ungünstiger für den betroffenen Arbeitnehmer sind.

Diese Einschränkung der Weiterbeschäftigungsmöglichkeiten durch die Rechtsprechung ist weder vom Gesetzeswortlaut vorgegeben, noch ist sie sachlich zu rechtfertigen. Insbesondere, wenn die beiden Widerspruchsgründe nach § 102 Abs. 3 Nrn. 4 und 5 BetrVG mit herangezogen werden, ist nicht einzusehen, warum nicht auch eine mögliche Weiterarbeit zu besseren Bedingungen einen Widerspruch begründen kann.

Die Betriebsräte sollten deshalb stets auch nach besser bezahlten Weiterbeschäftigungsmöglichkeiten forschen und sie – falls gegeben – zusätzlich zu sonstigen Weiterbeschäftigungsmöglichkeiten in ihren Widerspruch einbauen.

Es existieren Anzeichen, die darauf hindeuten, dass das BAG seine Rechtsprechung ändern könnte. So wurde in einem Fall, wo der Arbeitgeber Beschäftigungsmöglichkeiten von einem Betrieb des Unternehmens in einen anderen verlagert und durch eine höhere Vergütung aufgewertet hatte, entschieden, dass eine Kündigung des bisherigen Arbeitsplatzinhabers dann gemäß § 1 Abs. 2 Satz 2 Nr. 1b KSchG unwirksam ist, wenn die im anderen Betrieb zu verrichtende Arbeit dieselbe oder zumindest ganz überwiegend gleichgeblieben ist. Dann **schadet** auch die **Umwandlung** in eine **»Beförderungsstelle« nicht** (s. BAG v. 5.10.1995 – 2 AZR 269/95).

Weiterbeschäftigung nicht nur im alten Betrieb

Die zu überprüfenden Weiterbeschäftigungsmöglichkeiten beziehen sich nicht nur auf den konkreten Beschäftigungsbetrieb, sondern in Unternehmen mit mehreren Betrieben auch **auf die Weiterbeschäftigungsmöglichkeiten in den anderen Betrieben** desselben Unternehmens (s. BAG v. 15.12.1994 – 2 AZR 320/94). Übersteigt die Anzahl derjenigen, die ihren Arbeitsplatz verlieren, die Zahl der freien Arbeitsplätze in dem anderen Betrieb, so hat der Arbeitgeber bei der Besetzung der freien Plätze soziale Belange zu berücksichtigen (BAG v. 15.12.1994 – 2 AZR 320/94). Besteht das Arbeitsverhältnis zu einem konzerngebundenen Unternehmen, sind **Weiterbeschäftigungsmöglichkeiten in anderen Konzernunternehmen nur ausnahmsweise** in Erwägung zu ziehen, Dies gilt, wenn ein konzernweiter Einsatz des Arbeitnehmers arbeitsvertraglich vereinbart ist – oder eine unmittelbare Zusage zur Übernahme in einen anderen Konzernbetrieb vorliegt und der alte Beschäftigungsbetrieb auf die Einsatzmöglichkeiten in dem anderen Konzernbetrieb einen bestimmenden Einfluss nehmen kann (s. BAG v. 22. 5. 1986 – 2 AZR 612/85 – u. v. 20.1.1994 – 2 AZR 489/93).

Da weder die betroffenen Arbeitnehmer noch die örtlich zuständigen Betriebsräte im Regelfall über Weiterbeschäftigungsmöglichkeiten in anderen Betrieben Bescheid wissen, ist es unabdingbar, dass der **Betriebsrat** dort, wo Kündigungen anstehen, **Kontakt zu** den **Betriebsräten der anderen Betriebe** aufnimmt, um konkrete Weiterbeschäftigungsmöglichkeiten abzuklären.

Auch sollte sich der Betriebsrat stets vergewissern, ob die von der Kündigungsabsicht betroffenen Arbeitnehmer bereit sind, in einen anderen Betrieb zu wechseln.

Weiterbeschäftigung bei allen Kündigungsgründen

Die Möglichkeit, einer Kündigung zu widersprechen, besteht **nicht nur bei betriebsbedingten, sondern auch bei verhaltens- und personenbedingten Kündigungen** (s. BAG v. 22.7.1982 – 2 AZR 30/81). Auch bei personen- und verhaltensbedingten Kündigungen gibt es viele Fallgestaltungen, in denen die Interessen des Arbeitgebers genügend berücksichtigt sind, wenn der Arbeitnehmer auf einen anderen freien Arbeitsplatz versetzt wird. Etwa wenn zu erwarten ist, dass dort aufgrund geringerer Belastungen nicht mehr mit erheblichen krankheitsbedingten Fehlzeiten gerechnet werden muss oder z. B. eine räumliche Trennung von »Streithähnen« dazu führt, dass es keine erneute Schlägerei geben wird.

Genaue Angaben erforderlich

Für den Widerspruch reicht es nicht, nur allgemein zu behaupten, der betroffene Arbeitnehmer könne an einem anderen Arbeitsplatz weiter beschäftigt werden. Vielmehr muss **genau angegeben** werden, **welcher Arbeitsplatz** gemeint ist und welcher Art von Beschäftigungsmöglichkeiten gesehen werden. Nach BAG (v. 11. 5. 2000 – 2 AZR 54/99) muss zur Konkretisierung zumindest in bestimmbarer Weise der in Betracht kommende anderweitige freie Arbeitsplatz angegeben werden.

Formulierungsbeispiele für einen Widerspruch:

»Der Betriebsrat widerspricht der beabsichtigten Kündigung von Herrn Christian Müller nach § 102 Abs. 3 Nr. 3 BetrVG.

Begründung:

Herr Müller ist als angelernter Arbeiter beschäftigt. Nach Informationen des Betriebsrats ist in der Endkontrolle seit 14 Tagen ein Arbeitsplatz unbesetzt. Die Anforderungen entsprechen der bisherigen Tätigkeit von Herrn Müller. Er müsste dort allerdings neu eingewiesen werden. Die Anlernzeit dürfte drei Tage nicht überschreiten. Von daher geht der Betriebsrat davon aus, dass Herr Müller dort ohne Schwierigkeiten eingesetzt werden kann und deshalb seinen Arbeitsplatz in der Firma nicht verlieren darf.«

oder:

»Der Betriebsrat widerspricht der Kündigung von Frau Anna Mayer nach § 102 Abs. 3 Nr. 3 BetrVG.

Begründung:

Die uns mitgeteilte Kündigung ist wegen häufiger krankheitsbedingter Fehlzeiten beabsichtigt. Frau Mayer teilte uns mit, dass sie nach Auskunft ihres Arztes im Verlauf der nächsten drei Wochen wieder arbeitsfähig sein wird. Sie kann dann auf ihrem alten Arbeitsplatz weiterbeschäftigt werden. Bis dahin kann ihre Arbeit – wie in der Vergangenheit – durch teilweisen Einsatz von Frau Schulz und von Frau Schmidt erledigt werden. Notfalls würde der Betriebsrat der Einführung von Überstunden vorübergehend zustimmen.

Negative Auswirkungen auf den Betrieb sind deshalb nicht zu befürchten. Diese sind weder in der Vergangenheit aufgetreten noch bis zur Wiederherstellung der Arbeitsfähigkeit von Frau Mayer zu befürchten.

Im Übrigen kann Frau Mayer auch an einer anderen Stelle im Betrieb weiterbeschäftigt werden. In der Abteilung III ist nach dem Ausscheiden von Frau Krause vor drei Wochen ein Arbeitsplatz unbesetzt. Für die Ausfüllung dieses Arbeitsplatzes durch Frau Mayer ist nur eine kurze Anlernzeit von maximal zwei Wochen erforderlich. Die gesundheitlichen Belastungen an diesem Arbeitsplatz sind weniger stark als am alten Arbeitsplatz von Frau Mayer, weshalb auch von daher nicht mehr mit weiteren erheblichen Fehlzeiten zu rechnen ist. Frau Mayer, die zwar ihren alten Arbeitsplatz vorzieht, wäre auch nötigenfalls mit einer Versetzung in die Abteilung III einverstanden.«

5.4 Weiterbeschäftigung nach Qualifizierung

In Ergänzung zu dem Widerspruchgrund aus § 102 Abs. 3 Nr. 3 BetrVG (s. die Ausführungen unter III. 5.3) steht dem Betriebsrat nach **§ 102 Abs. 3 Nr. 4 BetrVG** die Möglichkeit offen, eine Weiterbeschäftigung vorzuschlagen, welche erst nach einer **Umschulungs- oder Fortbildungsmaßnahme** möglich wird.

Dieser Widerspruch ist **bei allen Kündigungsarten** möglich, also auch bei einer mit Krankheit begründeten personenbedingten Kündigung (s. BAG v. 7.2.1991 – 2 AZR 205/90).

Auch Qualifizierung für alten Arbeitsplatz

Anders als beim Widerspruchgrund nach § 102 Abs. 3 Nr. 3 BetrVG kommt es hier nicht auf das Vorhandensein von Weiterbeschäftigungsmöglichkeiten an einem anderen Arbeitsplatz an. **Auch die Weiterbeschäftigung am bisher innegehabten Arbeitsplatz** nach entsprechender Qualifizierung rechtfertigt den Widerspruch nach § 102 Abs. 3 Nr. 4 BetrVG (DKW, § 102 Rn. 240).

Obwohl in § 102 Abs. 3 Nr. 4 BetrVG nicht ausdrücklich Weiterbeschäftigungsmöglichkeiten in anderen Betrieben des Unternehmens aufgeführt sind, kann der Betriebsrat **auch** in Hinblick auf eine solche Weiterbeschäftigungsmöglichkeit **außerhalb des Betriebes – aber im Unternehmensbereich –** hinweisen. Er kombiniert dann die Widerspruchsgründe nach § 102 Abs. 3 Nr. 3 und Nr. 4 BetrVG. Eine solche Möglichkeit hält auch das BAG (v. 7.2.1991 – 2 AZR 205/90) nicht für ausgeschlossen.

Beispiel:

> Der Handelsvertreter Müller ist infolge eines Verkehrsunfalls stark gehbehindert. Er kann seine alte Tätigkeit, welche häufige Dienstreisen erfordert, nicht mehr ausüben.
>
> Der Betriebsrat erfährt, dass in einem anderen Betrieb des Unternehmens zum Jahresende ein Buchhalter aus Altersgründen ausscheiden wird. Sofern der Handelsvertreter aufgrund seiner Vorkenntnisse erwarten lässt, dass eine Umschulung in Buchhaltung erfolgreich wäre, kann der Betriebsrat dies zum Gegenstand seines Widerspruchs machen und eine entsprechende Weiterbeschäftigung im anderen Betrieb verlangen.

Voraussetzung für eine Weiterbeschäftigung nach zumutbaren Umschulungs- bzw. Fortbildungsmaßnahmen ist stets, dass ein **freier Arbeitsplatz zum Zeitpunkt der Beendigung der Qualifizierungsmaßnahme** vorhanden ist. Auch hier gilt – wie beim Widerspruchgrund nach § 102 Abs. 3 Nr. 3 BetrVG – dass der Arbeitgeber nicht verpflichtet ist, einen zusätzlichen Arbeitsplatz zu schaffen (s. BAG v. 7.2.1991 – 2 AZR 205/90).

Qualifizierung zu höherwertiger Tätigkeit

Nach der Rechtsprechung des BAG (s. BAG v. 7.2.1991 – 2 AZR 205/90) kommen nur solche freien Arbeitsplätze in Betracht, die gleichwertig oder geringwertiger sind. Auch das Vorhandensein einer Umschulungsmöglichkeit soll nicht zu einer Beförderung in der Betriebshierarchie berechtigen. Diese vom Wortlaut des Gesetzes nicht abgedeckte Rechtsprechung sollte den Betriebsrat nicht davon abhalten, auch auf Weiterbeschäftigungsmöglichkeiten nach Absolvierung von Qualifizierungsmaßnahmen auf höherwertige Arbeitsplätze hinzuwirken.

Die Qualifizierungsmaßnahme selbst kann sowohl innerbetrieblich, als auch außerbetrieblich absolviert werden. Sie muss allerdings nach der ausdrücklichen Bestimmung in § 102 Abs. 3 Nr. 4 BetrVG **zumutbar** sein.

Die Frage der Zumutbarkeit stellt sich hauptsächlich auf Seiten des Arbeitgebers. Hier ist von Bedeutung, welche zeitliche **Dauer der Maßnahme** noch hingenommen werden muss und welche **finanziellen Aufwendungen** dem Arbeitgeber abverlangt worden können. Die bisherige Rechtsprechung hat diesbezüglich noch keine Aussagen getroffen.

Die Zumutbarkeit ist relativ hoch anzusetzen. Dies gilt insbesondere dann, wenn arbeitgeberseitige Maßnahmen zur Entwertung der bisherigen Berufsqualifikation und damit zum Fortfall der Beschäftigungsmöglichkeiten auf dem alten Arbeitsplatz geführt haben. Irgendwelche allgemeinen finanziellen oder zeitlichen Höchstgrenzen lassen sich nicht festlegen. Es kommt stets auf die Situation der Firma sowie der betroffenen Arbeitnehmer im konkreten Einzelfall an. Besteht eine Kostenübernahmemöglichkeit durch externe Stellen (z. B. durch die Arbeitsagentur), so kann der Arbeitgeber logischerweise keine finanziellen Bedenken anmelden.

Inhalt der Widerspruchsbegründung

Die schriftliche Begründung muss – damit der Widerspruch ordnungsgemäß ist – mindestens enthalten,

- welche Umschulungs- bzw. Fortbildungsmaßnahmen der Betriebsrat für möglich hält und
- auf welchem Arbeitsplatz der betroffene Arbeitnehmer nach der Qualifizierungsmaßnahme beschäftigt werden könnte.

Formulierungsbeispiel für einen Widerspruch:

»Der Betriebsrat widerspricht der beabsichtigten Kündigung von Frau Vera Schulze nach § 102 Abs. 3 Nr. 4 BetrVG.

Begründung:

Frau Schulze wurde bislang mit Schreibarbeiten und einfachen Bürotätigkeiten beschäftigt. Ihr alter Arbeitsplatz fällt infolge der Einrichtung eines Schreibpools mit Computereinsatz weg, was auch der Betriebsrat nicht verkennt.

Der Betriebsrat ist jedoch der Auffassung, dass Frau Schulze in der Vertriebsabteilung weiterbeschäftigt werden kann. Dort wird demnächst eine Sachbearbeiterstelle frei.

Frau Schulze wäre bereit, die notwendige Qualifikation durch Umschulungsmaßnahmen der Arbeitsagentur zu erwerben. Der Betriebsrat hat bei der Arbeitsagentur in Erfahrung gebracht, dass dort gerade entsprechende Schulungsmaßnahmen beginnen. Die Arbeitsagentur hat auch Frau Schulze bestätigt, dass sie für die Schulung geeignet ist und den erforderlichen Abschluss als ... nach dem sechsmonatigen Lehrgang erwerben kann.

Der Betriebsrat schlägt deshalb vor, von der beabsichtigten Kündigung abzusehen und mit Frau Schulze eine Vereinbarung über die Weiterbeschäftigung nach der Umschulung zu treffen.«

5.5 Weiterbeschäftigung zu geänderten Vertragsbedingungen

Zu ungünstigen ...

Ist eine Weiterbeschäftigung des Arbeitnehmers zu gleichen Vertragsbedingungen nicht möglich, so kann der Betriebsrat trotzdem einer Kündigung nach **§ 102 Abs. 3 Nr. 5 BetrVG** widersprechen, wenn eine Beschäftigung unter geänderten, **auch ungünstigeren, Bedingungen** an einem anderen freien Arbeitsplatz möglich ist. Ein anderer freier Arbeitsplatz zu schlechteren Bedingungen wäre z. B. bei einem Wechsel von einer einschichtigen zu einer mehrschichtigen Tätigkeit anzunehmen.

Unter der Voraussetzung, dass sich der betreffende **Arbeitnehmer hierzu bereit erklärt**, kann der Betriebsrat die Initiative ergreifen und dem Arbeitgeber im Rahmen der Anhörung zur Kündigungsabsicht die Änderung der Vertragsbedingungen vorschlagen.

Da weder dem Arbeitgeber noch dem Betriebsrat ein einseitiges Bestimmungsrecht bei Vertragsänderungen zusteht, ist die Initiative davon abhängig, dass vor oder gleichzeitig mit dem Widerspruch das Einverständnis des Arbeitnehmers zur Vertragsänderung eingeholt wird.

... und zu günstigen Bedingungen

Wie bereits unter Punkt II. 5.3 ausgeführt, wird von dem Autor dieser Broschüre – entgegen dem BAG – die Auffassung vertreten, dass die Weiterbeschäftigung **auch zu günstigeren Arbeitsbedingungen** in Betracht zu ziehen ist (so auch DKW, § 102 Rn. 244).

Vorbehalt möglich

Verschlechtern sich durch eine Änderung die Vertragsbedingungen des Arbeitnehmers, so kann dieser sein **Einverständnis in der Vertragsänderung unter dem Vorbehalt** erklären, dass er die soziale Rechtfertigung der Änderung gerichtlich überprüfen lassen wird.

Kündigt dann der Arbeitgeber trotz Widerspruchs des Betriebsrats nach § 102 Abs. 3 Nr. 5 BetrVG, ohne gleichzeitig eine Fortsetzung des Arbeitsverhältnisses zu den geänderten Bedingungen anzubieten, begründet der Widerspruch des Betriebsrats den **Weiterbeschäftigungsanspruch** nach § 102 Abs. 5 BetrVG – und zwar **zu** den **bisherigen** unveränderten **Arbeitsbedingungen.** Stellt sich im nachfolgenden Kündigungsschutzprozess heraus, dass der vom Betriebsrat gemachte Vorschlag begründet ist, so wird der Prozess von dem Gekündigten gewonnen. Der Arbeitgeber hat dann nämlich gegen den Grundsatz des Vorrangs einer Änderungskündigung vor Ausspruch einer Beendigungskündigung verstoßen (s. hierzu BAG v. 27.9.1984 – 2 AZR 62/83).

Spricht der Arbeitgeber entsprechend dem Vorschlag des Betriebsrats eine Änderungskündigung aus, so bewirkt der Widerspruch des Betriebsrats keinen Weiterbeschäftigungsanspruch zu alten Konditionen. Der Betriebsrat hat schließlich erreicht, was er vorgeschlagen hat. Der Arbeitnehmer muss dann – wenn er sich hierzu unter Vorbehalt bereit erklärt – zu den schlechteren Bedingungen weiterarbeiten, bis die fehlende soziale Rechtfertigung der Änderung der Arbeitsbedingungen im (Individual-)Kündigungsschutzprozess festgestellt ist.

Formulierungsbeispiel für einen Widerspruch:

»Der Betriebsrat widerspricht der beabsichtigten Kündigung von Herrn Jörg Zimmermann nach § 102 Abs. 3 Nr. 5 BetrVG.

Begründung:

Herr Zimmermann ist seit acht Jahren als Monteur im Außendienst tätig. Wenn er infolge der Reduzierung der Aufträge dort nicht mehr eingesetzt werden soll, so besteht gleichwohl die Möglichkeit, ihn in der Werkstatt anstelle des ausgeschiedenen Arbeitnehmers Schulze zu beschäftigen. Herr Zimmermann verfügt über die hierzu erforderlichen Kenntnisse und Fertigkeiten und wäre auch bereit, dort eingesetzt zu werden – unter dem Vorbehalt einer gerichtlichen Überprüfung des Wegfalls seines bisherigen Arbeitsplatzes.«

III. Die Kündigung durch den Arbeitgeber

Der Arbeitgeber wird **weder** durch **»Bedenken«** **noch** durch einen **»Widerspruch«** des Betriebsrats daran **gehindert**, gleichwohl eine **Kündigung** auszusprechen.

Ein ordnungsgemäßer Widerspruch bewirkt – rechtlich betrachtet – nur das Entstehen des besonderen Weiterbeschäftigungsanspruchs nach § 102 Abs. 5 BetrVG (s. hierzu die Ausführungen zu Punkt IV.). Treffen die vom Betriebsrat geltend gemachten Widerspruchsgründe zu und rufen sie eine entsprechende Überzeugung beim Arbeitsgericht hervor, so wird im Kündigungsschutzprozess der Klage stattgegeben. Die Widerspruchsgründe sind zugleich Gründe für die Sozialwidrigkeit der Kündigung nach § 1 Abs. 2 und 3 KSchG.

Arbeitnehmer muss Betriebsratswiderspruch erhalten

Damit der Arbeitnehmer für seine Verteidigung im nachfolgenden Kündigungsschutzprozess Kenntnis von den Überlegungen des Betriebsrats erlangt, ist in **§ 102 Abs. 4 BetrVG** vorgeschrieben, dass der Arbeitgeber dem betroffenen Arbeitnehmer – nach erfolgtem Widerspruch des Betriebsrats – mit der Kündigung zugleich eine **Abschrift der Stellungnahme des Betriebsrats** zuleiten muss. Hierzu bedarf es keiner besonderen Aufforderung. Auch wenn der Arbeitnehmer nichts gegen die Kündigung unternehmen will oder wenn er sich nicht auf das Kündigungsschutzgesetz berufen kann (weil er z. B. noch kein halbes Jahr beschäftigt ist), muss die Stellungnahme der Kündigung beigefügt werden. Vielleicht wird der Arbeitnehmer erst durch die Kenntnis des Widerspruchs des Betriebsrats veranlasst, überhaupt etwas gegen die Kündigung zu unternehmen.

Unterlässt der Arbeitgeber die Übermittlung einer Abschrift des Widerspruchs, so hat dies gemäß § 125 Satz 1 BGB die **Nichtigkeit** der **Kündigung** zur Folge, da eine Formvorschrift nicht eingehalten wurde (s. Düwell, § 102 Abs. 4 BetrVG – eine noch zu entdeckende Formvorschrift, NZA 1988, 866, anderer Auffassung allerdings die herrschende Meinung). Im Übrigen macht sich der Arbeitgeber gegenüber dem Arbeitnehmer auch **schadensersatzpflichtig**.

Der **Betriebsrat sollte** »auf Nummer Sicher gehen« und von sich aus seine vollständige gesamte Stellungnahme in **Kopie an den betroffenen Arbeitnehmer geben**. Auf diese Weise ist auch gewährleistet, dass der Arbeitnehmer vom Arbeitgeber nicht nur über die Widerspruchsgründe informiert wird, sondern auch von den sonstigen Bedenken Kenntnis erlangt, welche der Betriebsrat geltend gemacht hat.

Ein wiederholtes Unterlassen der Beifügung der Stellungnahme des Betriebsrats bei Kündigungen durch den Arbeitgeber kann als grober Pflichtverstoß nach § 23 Abs. 3 BetrVG geahndet werden.

Hinweis auf 3-Wochen-Klagefrist

Der Betriebsrat sollte stets die Gekündigten auf die nach § 4 KSchG zu beachtende dreiwöchige Frist für die Erhebung einer Kündigungsschutzklage beim Arbeitsgericht hinweisen. Die Frist beginnt mit Zugang der Kündigung beim Arbeitnehmer und endet drei Wochen später am selben Wochentag. Ist dieser ein Samstag, Sonntag oder Feiertag, so endet die Frist am darauffolgenden Werktag. Der Betriebsrat sollte auch eindringlich auf die Folgen einer Fristversäumung hinweisen; also darauf, dass die nicht rechtzeitig mit einer Klage beim Arbeitsgericht angegriffene Kündigung gemäß § 7 KSchG rechtswirksam wird.

IV. Die Weiterbeschäftigung des gekündigten Arbeitnehmers

Die Pflicht des Arbeitgebers, den gekündigten Arbeitnehmer aufgrund des Widerspruchs des Betriebsrats gemäß **§ 102 Abs. 5 BetrVG** weiter zu beschäftigen, stellt eine wesentliche Verbesserung des individuellen Kündigungsschutzes dar.

Allgemeiner Weiterbeschäftigungsanspruch

Zwar gibt es auch einen von der Rechtsprechung (Beschluss des Großen Senats des BAG v. 27.2.1985 – GS 1/84) entwickelten **allgemeinen Weiterbeschäftigungsanspruch** des gekündigten Arbeitnehmers. Dieser allgemeine Weiterbeschäftigungsanspruch ist von der Existenz eines Betriebsrats sowie von dem Vorhandensein eines Widerspruchs des Betriebsrats zu der Kündigungsabsicht unabhängig. Er greift also z. B. auch bei einer außerordentlichen Kündigung ein.

Der allgemeine Weiterbeschäftigungsanspruch setzt jedoch voraus, dass
- entweder die **Kündigung offensichtlich unwirksam** war (etwa weil sie auf dieselben Gründe gestützt wurde, die bereits für eine vorhergehende Kündigung vom Gericht als nicht ausreichend angesehen wurden – s. BAG v. 19.12.1985 – 2 AZR 190/85 –, oder wenn feststeht, dass der Arbeitgeber den Betriebsrat vor der Kündigung nicht angehört hat);
- oder dass im **Kündigungsschutzprozess** ein **Urteil** ergeht, das die Unwirksamkeit der Kündigung feststellt.

Der allgemeine Weiterbeschäftigungsanspruch kann von dem gekündigten Arbeitnehmer mit einer Leistungsklage zusammen mit der Kündigungsschutzklage geltend gemacht werden. Stellt das Arbeitsgericht die Unwirksamkeit der Kündigung fest, so hat es gleichzeitig zur Weiterbeschäftigung zu verurteilen. Auch wenn der Arbeitgeber gegen ein solches Urteil in die Berufung oder Revision geht, kann die Weiterbeschäftigung mit Mitteln der Zwangsvollstreckung durchgesetzt werden. Es findet eine sogenannte Prozessbeschäftigung statt. Dadurch wird nach der Rechtsprechung (BAG v. 27.5.2020 – 5 AZR 247/19) kein neues Arbeitsverhältnis begründet. Der Arbeitgeber ist nur zu einer tatsächlichen Beschäftigung verpflichtet. Anders als in einem Arbeitsverhältnis besteht bei Nichtbeschäftigung infolge von Arbeitsunfähigkeit und an arbeitsfreien Feiertagen kein Anspruch auf Entgeltfortzahlung, wenn sich schließlich die Kündigung als wirksam erweist (so BAG a. a. O.).

Der entscheidende Nachteil dieses allgemeinen Weiterbeschäftigungsanspruchs gegenüber einer Weiterbeschäftigungspflicht nach § 102 Abs. 5 BetrVG ist, dass er in der Regel erst dann gerichtlich zugesprochen wird, wenn sich das Gericht von der Unwirksamkeit der Kündigung überzeugt hat und ein entsprechendes Urteil verkündet. Bis zu diesem Zeitpunkt werden in der Regel Monate vergehen, während derer sich der Arbeitgeber seinen Beschäftigungspflichten entziehen kann.

Weiterbeschäftigung nach § 102 Abs. 5 BetrVG

Hier hilft nur der **besondere Weiterbeschäftigungsanspruch** nach **§ 102 Abs. 5 BetrVG**, der den Zeitraum zwischen dem Ablauf der Kündigungsfrist und der rechtskräftigen Entscheidung über die Rechtmäßigkeit der Kündigung durch die Gerichtsbarkeit überbrückt.

Wegen dieser Bedeutung eines ordnungsgemäßen Widerspruchs für den effektiven Erhalt von Arbeitsplätzen muss der Betriebsrat bei der Abfassung seiner Stellungnahme besonders sorgfältig vorgehen. Den Betriebsrat trifft hier eine große Verantwortung. Schließlich löst nur ein frist- und auch sonst ordnungsgemäßer Widerspruch den besonderen Weiterbeschäftigungsanspruch nach § 102 Abs. 5 BetrVG aus. (Zu den Anforderungen an einen ordnungsgemäßen Widerspruch s. die Ausführungen unter II.4. und II.5.)

Voraussetzungen

Der Weiterbeschäftigungsanspruch nach § 102 Abs. 5 BetrVG setzt Folgendes (neben einem frist- und ordnungsgemäßen Widerspruch des Betriebsrats) voraus:

- Die vom Arbeitgeber erklärte **Kündigung** muss eine **»ordentliche«** sein. Kündigt der Arbeitgeber nur außerordentlich, besteht keine Weiterbeschäftigungspflicht nach Wirksamwerden der außerordentlichen Kündigung. Bei einer so genannten verbundenen Kündigung (außerordentlich, hilfsweise ordentlich) besteht nach richtiger Auffassung (Fitting, § 102 Rn. 104; DKW, § 102 Rn. 278) ebenfalls eine Weiterbeschäftigungspflicht,
- Der betroffene Arbeitnehmer muss eine **Kündigungsschutzklage** erhoben haben (und zwar innerhalb von drei Wochen nach Zugang der Kündigung), die darauf gestützt wird, dass die nach § 1 KSchG erforderliche soziale Rechtfertigung der Kündigung nicht gegeben ist. Der Arbeitnehmer muss sich also auf das Kündigungsschutzgesetz berufen können, also insbesondere mehr als sechs Monate Betriebszugehörigkeitszeit aufweisen).
- Der **Arbeitnehmer muss** die **Weiterbeschäftigung** vom Arbeitgeber ausdrücklich **verlangt haben** (zur Beweissicherung sollte dies schriftlich oder unter Anwesenheit von Zeugen geschehen). Dieses Verlangen muss auf den Widerspruch des Betriebsrats (z. B. **»Ich verlange die Weiterbeschäftigung nach § 102 Abs. 5 BetrVG.«**) gestützt und **innerhalb der Kündigungsfrist** erklärt werden. Nach BAG (v. 11. 5. 2000 – 2 AZR 54/99) reicht es aus, wenn die Weiterbeschäftigung noch im Laufe des ersten Arbeitstags nach Ablauf der Kündigungsfrist verlangt wird.

Die Weiterbeschäftigungspflicht besteht auch im Falle einer **Änderungskündigung**, wenn der betroffene Arbeitnehmer die neuen angebotenen Arbeitsbedingungen vorbehaltlos abgelehnt hat. Nach herrschender Meinung soll die Weiterbeschäftigung zu alten Bedingungen dagegen dann nicht durchgesetzt werden können, wenn der Arbeitnehmer das Änderungsangebot unter Vorbehalt angenommen hat (andere Auffassung: DKW, § 102 Rn. 280 mit Hinweisen zum Meinungsstand).

Beschäftigung zu alten Bedingungen

Der **Anspruch** aus § 102 Abs. 5 BetrVG ist **auf eine tatsächliche Beschäftigung** und zwar zu den Bedingungen, die vor Ausspruch der Kündigung gegolten haben, gerichtet (s. BAG v. 26.5.1977 – 2 AZR 632/76). Der Arbeitnehmer muss es also grundsätzlich nicht hinnehmen, sich bei Fortzahlung des Arbeitsentgelts beurlauben zu lassen. Das bisherige Arbeitsverhältnis besteht kraft Gesetzes fort und wird erst bei Eintritt der Rechtskraft einer verlorenen Kündigungsschutzklage aufgelöst (BAG v. 27.5.2020 – 5 AZR 247/19). Hieraus ergeben sich Ansprüche auf Beschäftigung und Vergütung nach den Bedingungen des bisherigen Arbeitsverhältnisses. Die beiderseitigen Leistungen werden aufgrund des bisherigen Arbeitsverhältnisses erbracht. Der Beschäftigungsanspruch nach § 102 Abs. 5 BetrVG besteht anders als der durch Rechtsfortbildung entwickelte allgemeine Weiterbeschäftigungsanspruch unabhängig davon, ob die Kündigung wirksam war oder nicht. Der Arbeitnehmer hat somit bei einer Weiterbeschäftigung nach § 102 Abs. 5 BetrVG Anspruch auf Beschäftigung und Entgelt bis zur rechtskräftigen Entscheidung über die Kündigungsschutzklage (zu alledem s. BAG a. a. O.). Bei einer Nichtbeschäftigung gerät der Arbeitgeber in Annahmeverzug und schuldet dann die Vergütung nach § 615 BGB.

Verweigert der Arbeitgeber die tatsächliche Weiterbeschäftigung, so gerät er in **Annahmeverzug** und ist infolgedessen zur **vollen Entgeltzahlung** verpflichtet. Die Lohn- und Gehaltsansprüche müssen unter Beachtung der in Tarifverträgen geregelten Ausschlussfristen geltend gemacht und notfalls bei Gericht eingeklagt worden. Dem Zahlungsanspruch aus Annahmeverzug steht nicht entgegen, dass die Kündigungsschutzklage später rechtskräftig abgewiesen wird (s. BAG v. 12.9.1985, a. a. O.).

Möglichkeiten des Arbeitgebers

Liegen die Voraussetzungen für die Weiterbeschäftigung vor, so kann sich der Arbeitgeber **von** der **Beschäftigungspflicht** nur in besonderen Fällen **befreien** lassen. Er muss hierzu nach § 102 Abs. 5 Satz 2 BetrVG das **Arbeitsgericht** anrufen und beantragen, ihn im Wege einer einstweiligen Verfügung von der Verpflichtung zur Weiterbeschäftigung zu entbinden. Dieser Antrag hat nur dann Erfolg, wenn

- entweder die Kündigungsschutzklage keine hinreichenden Erfolgsaussichten hat oder mutwillig ist oder
- die Weiterbeschäftigung den Arbeitgeber unzumutbar wirtschaftlich belasten würde oder
- der Widerspruch des Betriebsrats offensichtlich unbegründet war.

Die **Entbindung** von der Weiterbeschäftigungspflicht lässt die für die Zeit bis zur gerichtlichen Entscheidung angefallenen Vergütungsansprüche des gekündigten Arbeitnehmers unberührt, hat also **keine Rückwirkung** (BAG v. 7.3.1996 – 2 AZR 432/95).

Die **Anforderungen** an eine Entbindung von der Weiterbeschäftigungspflicht **sind hoch** anzusetzen. Der Gesetzgeber wollte mit der Einführung des besonderen Weiterbeschäftigungsanspruchs sicherstellen, dass ein Arbeitnehmer bis zur rechtskräftigen Entscheidung über die Kündigungsschutzklage im Betrieb am alten Arbeitsplatz verbleibt. Könnte sich der Arbeitgeber hier einfach »rausmogeln«, so wäre der Gesetzeszweck verfehlt.

Beispiele:

Es reicht für die Entbindung von der Weiterbeschäftigungspflicht z.B. nicht aus, dass die Kündigungsschutzklage erstinstanzlich vom Arbeitsgericht abgewiesen worden ist (s. LAG Köln v. 19.5.1983 – 3 Sa 268/83). Eine unzumutbare wirtschaftliche Belastung kann nicht bereits in der Pflicht zur Fortzahlung des Arbeitsentgelts oder in dem behaupteten Wegfall tatsächlicher Beschäftigungsmöglichkeiten erblickt werden. Und der Widerspruch des Betriebsrats ist nur dann offensichtlich unbegründet, wenn sich dessen Grundlosigkeit für einen unbefangenen Betrachter geradezu aufdrängt (etwa, wenn bei einer personenbedingten Kündigung im Widerspruch die fehlerhafte Sozialauswahl gerügt wird).

Was kann ein betroffener Arbeitnehmer machen?

Weigert sich der Arbeitgeber, den Arbeitnehmer tatsächlich weiter zu beschäftigen und stellt er auch bei Gericht keinen Entbindungsantrag, so kann der betroffene Arbeitnehmer seinerseits im Wege einer **einstweiligen Verfügung** beim Arbeitsgericht die Verurteilung zur **Weiterbeschäftigung** durchsetzen (s. hierzu die Hinweise bei DKW, § 102 Rn. 295–300). Der Verfügungsgrund ergibt sich bereits aus dem Zeitablauf, wenn der Arbeitgeber seiner Weiterbeschäftigungspflicht nicht nachkommt, ohne sich zuvor hiervon durch das Gericht befreit zu haben (s. beispielsweise LAG Köln v. 6.2.1998 – 12 Sa 1700/97).

Nach einer Kündigung muss also der betroffene Arbeitnehmer eine ganze Menge unternehmen, um seine Rechte zu wahren. Neben dem Aufsuchen des Betriebsrats, der Gewerkschaft, der Klageerhebung und dem Verlangen nach Weiterbeschäftigung sollte er Folgendes tun:

- sich unverzüglich nach Kenntnis des Kündigungsausspruchs bei der Arbeitsagentur **arbeitssuchend melden**, sonst könnte eine einwöchige Sperrzeit für den Bezug des Arbeitslosengelds drohen und eine Minderung der Anspruchsdauer eintreten (s. § 38, § 148 und § 159 SGB III);
- bei Krankheit seine **Krankenkasse** informieren und Krankengeld beantragen;
- bei Vermittlung durch die Arbeitsagentur eine **zumutbare Arbeit aufnehmen** (wenn er nicht weiterbeschäftigt wird);
- beim alten Arbeitgeber die **Lohn-/Gehaltsansprüche geltend machen** und zwar in der vom jeweiligen Tarifvertrag vorgesehenen Frist und Form (andernfalls besteht die Gefahr, dass Entgeltansprüche verloren gehen).

Gewerkschaftsmitglieder werden bei ihrer Gewerkschaft tatkräftige Unterstützung finden.

V. Betriebsvereinbarungen zu Kündigungen

Nach **§ 102 Abs. 6 BetrVG** ist es möglich, die Wirksamkeit einer Kündigung von der Zustimmung des Betriebsrats abhängig zu machen. Rechtsverbindlich ist eine solche Vereinbarung zwischen Arbeitgeber und Betriebsrat nur dann, wenn sie von beiden Seiten in Form einer Betriebsvereinbarung **schriftlich** niedergelegt und unterzeichnet worden ist (s. BAG v. 14.2.1978 – 1 AZR 154/76). Der Betriebsrat kann eine solche Vereinbarung nicht erzwingen; sie ist **nur auf freiwilliger Basis** möglich.

In der Praxis kommen derartige Betriebsvereinbarungen relativ selten vor. Anwendungsfälle gibt es z.B. bei Sanierungsbemühungen in Vereinbarungen zu Beschäftigungsplänen. Hier ist ein Zusammenhang mit den Handlungsmöglichkeiten des Betriebsrats nach den §§ 111 ff. BetrVG gegeben.

Neben dem Abschluss einer entsprechenden Betriebsvereinbarung ist auch eine Erweiterung der Beteiligungsrechte des Betriebsrats per Tarifvertrag, nicht aber durch Einzelarbeitsvertrag möglich (BAG v. 23.4.2009 – 6 AZR 263/08).

Regelungsinhalte

Betriebsvereinbarungen nach § 102 Abs. 6 BetrVG können sich auf alle Kündigungsarten (ordentliche, außerordentliche, betriebsbedingte, personenbedingte oder verhaltensbedingte Kündigungen sowie Beendigungs- und Änderungskündigungen) beziehen. Regelungsgegenstand kann **nicht nur** die Zubilligung eines echten **Mitbestimmungsrechts bei Kündigungen** (Zustimmungserfordernis bevor der Arbeitgeber kündigen darf) sein, sondern auch weniger weitgreifende Regelungen, wie etwa eine bestimmte **Form** für die **Anhörung** des Betriebsrats, die **Verlängerung der Anhörungsfrist, Erweiterung der Widerspruchsgründe** oder die Einführung einer Gesprächs- und Beratungspflicht nach Widerspruch des Betriebsrats. Es ist nach Auffassung des BAG (v. 6. 2. 1997 – 2 AZR 168/96) auch zulässig, zusätzlich zu einer Erweiterung der gesetzlichen Befugnisse des Betriebsrats in einer Betriebsvereinbarung **auch Sanktionen** – wie die Unwirksamkeit von Kündigungen – zu regeln. Dies muss dann aber deutlich zum Ausdruck kommen.

Ist in einer Betriebsvereinbarung festgelegt, dass Kündigungen der vorherigen Zustimmung des Betriebsrats bedürfen, so darf der Arbeitgeber nach verweigerter Zustimmung des Betriebsrats erst dann kündigen, wenn die fehlende Zustimmung des Betriebsrats durch die **Einigungsstelle** ersetzt worden ist. Das Verfahren vor der Einigungsstelle und die Möglichkeiten der Anfechtung eines Einigungsstellenspruchs richten sich nach § 76 BetrVG.

Spricht der Arbeitgeber die Kündigung ohne Zustimmung des Betriebsrats oder einen die Zustimmung ersetzenden Einigungsstellenspruch aus, so ist sie **rechtsunwirksam**. Der betroffene Arbeitnehmer kann sich hierauf stets berufen.

Keine Einschränkung des Kündigungsschutzes

Aber auch wenn eine Zustimmung vorliegt oder diese durch die Einigungsstelle ersetzt worden ist, behält der Arbeitnehmer alle Möglichkeiten, die Kündigung in einem nachfolgenden Kündigungsschutzprozess durch die Arbeitsgerichtsbarkeit auf ihre materielle Rechtfertigung hin überprüfen zu lassen. Den Betriebsparteien ist es **nicht möglich**, den **(Individual-)Kündigungsschutz durch eine Betriebsvereinbarung** etwa dahingehend **einzuschränken**, dass nach erfolgter Zustimmung des Betriebsrats die Kündigung unangreifbar sein soll.

Ist eine Betriebsvereinbarung abgeschlossen, wonach Kündigungen der Zustimmung des Betriebsrats bedürfen, so kann sich der Arbeitgeber von der Zustimmungspflichtigkeit nur dadurch befreien, dass er diese **Betriebsvereinbarung kündigt**. Bis zum Ablauf der – wenn nicht anders vereinbart – dreimonatigen Kündigungsfrist nach § 77 Abs. 5 BetrVG bedürfen sämtliche Kündigungen noch der Zustimmung des Betriebsrats. Da der Regelungsgegenstand der Betriebsvereinbarung nicht erzwingbar war, gibt es keine Nachwirkung der gekündigten Betriebsvereinbarung – es sei denn, dass eine solche besonders vereinbart worden ist (s. DKW, § 88 Rn. 6).

Beispiele für eine Betriebsvereinbarung:

Betriebsvereinbarung

Jede Kündigung bedarf der vorherigen Zustimmung des Betriebsrats. Eine verweigerte Zustimmung kann auf Antrag der Geschäftsleitung durch Spruch der Einigungsstelle (§ 76 BetrVG) ersetzte werden.

Nach Kündigung dieser Betriebsvereinbarung wirkt diese nach.

Geschäftsleitung Betriebsrat

oder:

Betriebsvereinbarung

Zur Flankierung der beschäftigungssichernden Maßnahmen im Rahmen des Sanierungsplans vom ... wird von der Geschäftsleitung zugesichert, dass bis zum ... keine betriebsbedingten Kündigungen erfolgen werden. Sollten allerdings unvorhergesehene gravierende Entwicklungen eintreten, so dürfen Kündigungen nur nach vorheriger Zustimmung des Betriebsrats ausgesprochen werden.

Geschäftsleitung Betriebsrat

VI. Sonstige Beteiligungsrechte des Betriebsrats

Der Katalog der Rechte und Pflichten aus § 102 BetrVG regelt keineswegs abschließend alle Formen der Beteiligung des Betriebsrats in Zusammenhang mit Kündigungen.

Erwähnt sei hier nur kurz die Möglichkeit des Betriebsrats, nach **§ 104 BetrVG** die **Entfernung betriebsstörender Arbeitnehmer** durchzusetzen sowie die Zustimmungsbedürftigkeit bei außerordentlichen **Kündigungen von Mandatsträgern (§ 103 BetrVG).** Verlangt der Betriebsrat nach § 104 BetrVG die Entlassung eines betriebsstörenden Arbeitnehmers und entschließt sich der Arbeitgeber, dem Wunsch des Betriebsrats zu entsprechen, ist dessen weitere Beteiligung nach § 102 BetrVG nicht mehr erforderlich (BAG, Urteil v. 28.3.2017 – 2 AZR 551/16).

Bei Kündigung von schwerbehinderten Menschen

Nach § 170 Abs. 2 SGB IX ist vor jeder **Kündigung** eines **schwerbehinderten Menschen** oder eines Gleichgestellten seitens des **Integrationsamtes** auch eine **Stellungnahme des Betriebsrats** zu dem Kündigungsvorhaben des Arbeitgebers einzuholen. Diese Stellungnahme gegenüber der Behörde befreit nicht von der Anhörung des Betriebsrats nach § 102 BetrVG durch den Arbeitgeber vor Ausspruch der Kündigung. Das Anhörungsverfahren nach § 102 BetrVG kann vor oder nach Abschluss des behördlichen Zustimmungsverfahrens nach dem SGB IX eingeleitet worden (s. BAG v. 1.4.1981 – 7 AZR 1003/78 – sowie v. 23.10.2008 – 2 AZR 163/07). Soweit der Betriebsrat vor dem Abschluss des Zustimmungsverfahrens angehört wurde, muss ihn der Arbeitgeber nach der Zustimmung des Integrationsamtes zur Kündigung oder nach erfolgter Zustimmungsersetzung durch das Verwaltungsgericht nicht noch einmal vor dem Ausspruch der Kündigung anhören, wenn sich der Kündigungssachverhalt nicht geändert hat (s. BAG v. 18.5.1994 – 2 AZR 626/93). Etwas anderes gilt, wenn sich in dem Verfahren vor dem Integrationsamt neue wesentliche Fakten ergeben haben, die für die Kündigungsberechtigung bedeutsam sind (BAG v. 22.9.2016 – 2 AZR 700/15). War eine Kündigung wegen der fehlenden Zustimmung des Integrationsamtes unwirksam, so bedarf es für eine abermals auszusprechende Kündigung der erneuten Anhörung des Betriebsrats gemäß § 102 BetrVG (s. BAG v. 16.9.1993 – 2 AZR 267/93).

Einspruch gegen Kündigung

Nach **§ 3 KSchG** kann der **Arbeitnehmer** innerhalb einer Woche nach Erhalt der Kündigung **Einspruch beim Betriebsrat** einlegen, Dies kann er auch dann tun, wenn der Betriebsrat weder Bedenken noch Widerspruch gegen die Kündigung erhoben hat, ja sogar, wenn der Betriebsrat zu der Kündigung überhaupt nicht angehört worden ist oder wenn er der Kündigung ausdrücklich zugestimmt hat.

Derartige Einsprüche bringen dem Betroffenen in aller Regel nicht viel, ist doch die Kündigung bereits ausgesprochen. Der Betriebsrat sollte sich trotzdem sorgfältig mit derartigen Einsprüchen – wenn sie dann erfolgen – beschäftigen und den Gründen für den Einspruch nachgehen.

Kommt der Betriebsrat zu dem Ergebnis, dass der Einspruch gerechtfertigt ist, so hat er gemäß § 3 Satz 2 KSchG zu versuchen, eine Verständigung mit dem Arbeitgeber herbeizuführen. Mögliches Ziel könnte neben der Rücknahme der Kündigung z. B. auch die Weiterbeschäftigung in einem anderen Betrieb mit neuem Arbeitsvertrag, die Verlängerung der Kündigungsfrist oder die Zahlung einer Abfindung sein.

Unabhängig von dem Ergebnis, zu welchem der Betriebsrat kommt, hat er seine **Stellungnahme** zu dem Einspruch nach § 3 Satz 3 KSchG sowohl dem betroffenen Arbeitnehmer als auch dem Arbeitgeber **auf Verlangen schriftlich mitzuteilen.**

Nach § 4 Satz 3 KSchG soll ein Arbeitnehmer, der vor dem Arbeitsgericht Kündigungsschutzklage erhebt, dem Gericht die Stellungnahme des Betriebsrats beifügen. Da es sich hierbei um eine Soll-Vorschrift handelt, wird der Kläger die Stellungnahme nur dann in den Kündigungsschutzprozess einführen, wenn sie ihm positiv erscheint. Die Stellungnahme des Betriebsrats, die sich auf alle möglichen Aspekte der Kündigung beziehen kann, wird dem Gericht wertvolle Einblicke in die Kündigungshintergründe geben. Von daher sollte der Wert einer solchen Stellungnahme nicht unterschätzt werden.

Wichtig ist, dass der von der Kündigung betroffene Arbeitnehmer nicht nur auf den Einspruch beim Betriebsrat setzt. Zur Bekämpfung der Kündigung muss er zusätzlich **innerhalb von drei Wochen** nach Kündigungserhalt **Klage beim Arbeitsgericht** erheben (s. § 4 Satz 1 KSchG).

Schließlich sieht **§ 102 Abs. 7 BetrVG** ausdrücklich vor, dass die Beteiligungsrechte des Betriebsrats nach dem Kündigungsschutzgesetz unberührt bleiben, d. h. sie gelten unabhängig von den Beteiligungsrechten, welche sich aus § 102 BetrVG ergeben.

Bei **Massenentlassungen** ist der Betriebsrat neben § 102 BetrVG und gegebenenfalls nach den §§ 111 ff. BetrVG noch nach **§ 17 Kündigungsschutzgesetz** zu beteiligen. Danach haben eine Konsultation mit dem Betriebsrat und eine Massenentlassungsanzeige gegenüber der Agentur für Arbeit zu erfolgen, bevor die Kündigungen ausgesprochen werden. Wird eines der beiden eigenständigen Verfahren nicht ordnungsgemäß durchgeführt, sind gleichwohl ausgesprochene Kündigungen nach bisheriger Rechtsprechung unwirksam (BAG v. 9.6.2016 – 6 AZR 405/15).

Massenentlassungen

Das Bundesarbeitsgericht hat allerdings den Europäischen Gerichtshof angerufen, um erneut zu klären, welche Folgen **unterlassene oder fehlerhafte Massenentlassungsanzeigen** auf bereits ausgesprochene Kündigungen haben. Der EuGH hat hierzu am 30.10.2025 (C-134/24 und C-402/24) entschieden, dass Kündigungen nicht wirksam werden können, wenn vor Ausspruch derselben keine vorherige Anzeige bei der Agentur für Arbeit erfolgt ist. Eine unterlassene Anzeige kann danach auch nicht vom Arbeitgeber nach Ausspruch der Kündigungen nachgeholt werden mit der Folge, dass dann die Kündigungen 30 Tage nach der Nachholung wirksam werden. Die 30-Tage-Frist läuft solange nicht, bis eine korrekte Anzeige erfolgt ist. Im Fall einer fehlerhaften oder unvollständigen Anzeige führt auch eine Nichtbeanstandung durch die Agentur für Arbeit nicht dazu, dass Kündigungen wirksam werden.

Das Bundesarbeitsgericht ist an die Entscheidungen des EuGH gebunden, hat aber bis zur Drucklegung dieser Auflage noch nicht erneut entschieden.

In Anbetracht dieser noch nicht gänzlich geklärten Situation lassen wir es in den nachfolgenden Ausführungen bei der Darstellung des bisherigen Stands der Rechtsprechung.

Festzuhalten ist, dass Fehler des Arbeitgebers im **Konsultationsverfahren** mit dem Betriebsrat nach Auffassung des BAG (Entscheidung v. 14. 12. 2023 – 6 AZR 157/22(B)) nach wie vor Auswirkungen auf die Rechtmäßigkeit von Kündigungen haben. Bereits geklärt ist auch, dass Verfahrensfehler des Arbeitgebers bei der Konsultation mit dem Betriebsrat geheilt werden können, wenn der Betriebsrat zu erkennen gegeben hat, dass er seinen Informations- und Beratungsanspruch als erfüllt ansieht (BAG v. 9. 6. 2016 – 6 AZR 405/15).

Sind mehrere Betriebe aufgrund eines einheitlichen Unternehmenskonzepts von Massenentlassungen betroffen, so ergibt sich hieraus eine Zuständigkeit des Gesamtbetriebsrats für das Massenentlassungsverfahren (BAG v. 13. 12. 2012 – 6 AZR 752/11).

Der Arbeitgeber kann die ihm nach dem BetrVG obliegenden Pflichten gleichzeitig mit denen aus § 17 KSchG erfüllen. Er muss dies dann aber hinreichend klarstellen (BAG v. 21.3.2013 – 2 AZR 60/12 – sowie v. 20.9.2012 – 6 AZR 155/11). Eine Anhörung nach § 102 BetrVG kann auch schon vor Abschluss der Verfahren nach § 17 KSchG und gegebenenfalls nach den §§ 168 ff. SGB IX durchgeführt werden (BAG v. 26.10.2017 – 2 AZR 298/16). Ergibt sich daraus allerdings eine wesentliche Änderung des Kündigungssachverhalts, so hat eine erneute Anhörung nach § 102 BetrVG stattzufinden (BAG v. 22.9.2016 – 2 AZR 700/15).

Die Pflicht zur Erstattung einer Massenentlassungsanzeige nach § 17 Abs. 1 KSchG und zur Durchführung des Konsultationsverfahrens mit dem Betriebsrat nach § 17 Abs. 2 KSchG besteht auch dann, wenn ein Arbeitgeber beabsichtigt, den Betrieb stillzulegen (BAG v. 22.9.2016 – 2 AZR 276/16). Sollen in einem Betrieb mehrere Massenentlassungen durchgeführt werden, so können die Verfahren nach § 17 KSchG bezogen auf alle beabsichtigten Kündigungen zusammengefasst werden (BAG v. 9.6.2016 – 6 AZR 638/15).

Massenentlassungsanzeige

§ 17 Abs. 1 KSchG verpflichtet den Arbeitgeber zur Anzeige bei der jeweils **örtlich zuständigen Agentur für Arbeit,** wenn er – gestaffelt nach Betriebsgröße (s. hierzu weiter unten) und Zahl der Entlassungen – innerhalb eines Zeitraums von 30 Kalendertagen Entlassungen vornehmen will. Für die örtliche Zuständigkeit kommt es darauf an, zu welchem Agenturbezirk der **Betrieb** gehört, in welchem die Entlassungen vorgenommen werden sollen. Großunternehmen können allerdings im Fall von Massenentlassungen, die in mehreren Betrieben erfolgen sollen, an den regional unterschiedlichen Standorten eine Sammelanzeige bei der Agentur für Arbeit erstatten, die für den Hauptsitz des **Unternehmens** örtlich zuständig ist (BAG v. 13.2.2020 – 6 AZR 146/19).

Als Entlassung gilt der **Zugang** der **Kündigungserklärungen im 30-Tage-Zeitraum** (BAG v. 19.5.2022 – 2 AZR 467/21). Es kommt also für die Frage, ob die in § 17 Abs. 1 KSchG geregelten Schwellenwerte erreicht werden, nur darauf an, ob in dem 30-Tage-Zeitraum eine entsprechende Zahl von Kündigungen ausgesprochen werden soll, nicht aber auf das Wirksamwerden der Kündigungen, also nicht auf die jeweiligen Beendigungszeitpunkte der Arbeitsverhältnisse.

Bei **Arbeitnehmern in Elternzeit** zählt als Entlassung im Sinne des § 17 KSchG allerdings bereits der Eingang des Antrags auf Zustimmung zur Kündigung bei der zuständigen Behörde (BAG v. 26.1.2017 – 6 AZR 442/16). Die dadurch erfolgende Vorverlagerung des besonderen Schutzes nach § 17 KSchG hat zur Folge, dass eine Kündigung, die nach Eingang der behördlichen Zustimmung zugeht, auch dann unwirksam ist, wenn der Kündigungszugang erst nach Ablauf des

30-Tage-Zeitraums erfolgt, aber bei der behördlichen Antragstellung ein notwendiges, ordnungsgemäßes Massenentlassungsverfahren nicht durchgeführt worden war. Ob diese Vorverlagerung bei Kündigungen von **schwerbehinderten Menschen** auch für Anträge auf Zustimmung des Integrationsamtes gilt, ist zurzeit noch nicht höchstrichterlich entschieden.

Form und Inhalt der Anzeige

Nach § 17 Abs. 3 Satz 1 KSchG hat der Arbeitgeber gleichzeitig mit den Angaben nach § 17 Abs. 3 Satz 4 und 5 KSchG zu der von ihm geplanten Massenentlassung der Agentur für Arbeit eine Abschrift seiner diesbezüglichen Mitteilung an den Betriebsrat zuzuleiten. Tut er dies nicht, so soll sich nach Auffassung des Bundesarbeitsgerichts aus dieser Unterlassung noch keine Rechtsunwirksamkeit der später erfolgenden Kündigungen ergeben (so der Vorlagebeschluss des BAG v. 27.1.2021 – 6 AZR 155/21 (A) an den EuGH, welcher mit Urteil v. 13.7.2023 – C-134/22 die Auffassung des BAG bestätigt hat). Weiter ist die Anzeige nach § 17 Abs. 3 Satz 2 KSchG schriftlich unter Beifügung der Stellungnahme des Betriebsrats (s. weiter unten) zu erstatten. Die Schriftform ist auch dann gewahrt, wenn die Anzeige elektronisch erfasst, übermittelt und gespeichert wird. Deshalb reicht auch ein Fax aus (BAG v. 1.6.2023 – 2 AZR 150/22). Sie muss die einzelnen in § 17 Abs. 3 Satz 4 KSchG vorgeschriebenen Angaben enthalten. Entsteht hierbei ein Fehler, sind ausgesprochene Kündigungen unwirksam (BAG v. 14.5.2020 – 6 AZR 235/19). Das gilt nach BAG (Urteil v. 1.6.2023 – 6 AZR 150/22) nur dann nicht, wenn es sich um nur geringfügige Abweichungen handelt, z. B. bei der Nennung der in der Regel Beschäftigten von über 100 wurde ein Arbeitnehmer nicht berücksichtigt oder bei einem wurde eine falsche Berufsbezeichnung angegeben. Im Übrigen soll für die Wirksamkeit von Kündigungen ohne Bedeutung sein, wenn der Arbeitgeber in seiner Anzeige gegenüber der Agentur für Arbeit es lediglich unterlassen hat, auch noch die Sollangaben des § 17 Abs. 3 Satz 5 KSchG zu machen (BAG v. 19. 5. 2022 – 2 AZR 467/21). Dasselbe gilt auch, wenn Sollangaben fehlerhaft waren (BAG v. 11.5.2023 – 6 AZR 267/22).

Der Ausspruch von **Kündigungen vor** Erstattung einer ordnungsgemäßen **Anzeige** ist **rechtsunwirksam** (so die ständige Rechtsprechung des BAG, s. z. B. v. 13. 2. 2020 – 6 AZR 146/19). Eine Anzeige kann erst dann wirksam erstattet werden, wenn sich der Kündigungsentschluss des Arbeitgebers auf eine bestimmte Anzahl von Arbeitnehmern konkretisiert hat, wenn auch nicht bis ins letzte Detail. **Anzeigen »auf Vorrat«** sind deshalb **unzulässig** (BAG v. 13. 6. 2019 – 6 AZR 459/18).

Der Arbeitgeber darf unmittelbar nach Anzeigeerstattung – also noch während der Entlassungssperre des § 18 KSchG – die Kündigungen aussprechen (BAG

v. 22. 4. 2010 – 6 AZR 948/08). Hat er die Kündigungen nach ordnungsgemäßer Anzeige ausgesprochen, so kann er oder ein Insolvenzverwalter nicht erneut innerhalb der 90tägigen Freifrist des § 18 Abs. 4 KSchG mit einer kürzeren Kündigungsfrist kündigen, sofern diese erneuten Massenkündigungen in zeitlichem Zusammenhang von 30 Tagen erfolgen (BAG, a. a. O.). Hier ist ein neues Massenentlassungsverfahren durchzuführen. Eine erneute Anzeige ist dann nicht erforderlich, wenn Kündigungen nach korrekter Anzeige vor Ablauf der Freifrist des § 18 Abs. 4 KSchG ausgesprochen werden, die Arbeitsverhältnisse wegen langer Kündigungsfristen aber erst nach Ablauf der Freifrist enden (BAG v. 23. 2. 2010 – 2 AZR 268/08). Einer erneuten Anzeige bedarf es aber immer dann, wenn die Entlassungen nicht innerhalb von 90 Tagen nach Ende der Sperrfrist durchgeführt, d. h. die Kündigungen erklärt werden (BAG v. 9. 6. 2016 – 6 AZR 638/15).

Betriebsrats-information

Darüber hinaus bestimmt **§ 17 Abs. 2 KSchG**, dass der Arbeitgeber bei beabsichtigten Massenentlassungen **dem Betriebsrat gegenüber unmittelbar verpflichtet** ist, diesem rechtzeitig **»zweckdienliche Auskünfte«** zu erteilen und insbesondere über

- die Gründe für die Entlassungen,
- die Zahl und die Berufsgruppen der betroffenen Arbeitnehmer,
- die Zahl der im Betrieb in der Regel beschäftigten Arbeitnehmer,
- den Zeitraum, in dem die Entlassungen vorgenommen werden sollen und
- die vorgesehenen Kriterien für die Auswahl der zu entlassenen Arbeitnehmer sowie
- die für die Berechnung etwaiger Abfindungen vorgesehenen Kriterien

schriftlich zu **unterrichten**.

Der Arbeitgeber muss dem Betriebsrat auch weitere zweckdienliche Auskünfte geben. Wegen der Dynamik des Verfahrens müssen nicht alle erforderlichen Auskünfte seitens des Arbeitgebers bereits unbedingt zum Zeitpunkt der Eröffnung der Konsultationen erteilt worden sein. Sie können später noch im Verlauf des Verfahrens vervollständigt werden. Bis zum Abschluss des Konsultationsverfahrens sind dem Betriebsrat aber alle einschlägigen Informationen zu übermitteln (zu alledem s. auch BAG v. 8. 11. 2022 – 6 AZR 15/22).

Ein **Unterrichtungsmangel** liegt nicht vor, wenn der Arbeitgeber es z. B. unterlassen hat, nähere Angaben zum Zeitraum der Entlassungen zu machen, der Betriebsrat diesen aber ohnehin kennt oder zumindest einschätzen kann (BAG, a. a. O.). Ein Mangel kann in besonderen Fällen auch durch eine Erklärung des Betriebsrats geheilt werden; so z. B. wenn bei einer geplanten Massenentlassung keine Angaben zu den betroffenen Berufsgruppen gemacht worden sind, aber klar ist, dass der gesamte Betrieb stillgelegt werden soll und hierüber auch ein Interessenausgleich mit dem Betriebsrat zustande gekommen war (BAG v. 26.2.2015 – 2 AZR 955/13 u. v. 9.6.2016 – 6 AZR 405/15).

Die **Unterrichtung** des Betriebsrats hat nach § 17 Abs. 2 Satz 1 KSchG **schriftlich** zu erfolgen. Dabei reicht die Wahrung der Textform entsprechend § 126b BGB aus (BAG v. 22.9.2016 – 2 AZR 276/16). Ein etwaiger Formfehler kann durch eine abschließende Stellungnahme des Betriebsrats geheilt werden, etwa durch eine Formulierung in einem Interessenausgleich nach § 112 BetrVG, aus welcher sich entnehmen lässt, dass der Betriebsrat damit ein ordnungsgemäß durchgeführtes Konsultationsverfahren bestätigt hat (BAG v. 9.6.2016 – 6 AZR 405/15). Die Unterrichtung muss im Regelfall **zwei Wochen vor der Massenentlassungsanzeige** erfolgen (BAG v. 13.6.2019 – 6 AZR 459/18).

Beratung mit Betriebsrat

Weiter ist nach § 17 Abs. 2 Satz 2 KSchG mit dem Betriebsrat darüber zu **beraten**, ob nicht die Entlassungen vermieden, eingeschränkt oder abgemildert werden können. Dieses sog. **Konsultationsverfahren** ist rechtzeitig einzuleiten, d.h. zu dem Zeitpunkt, in dem der Arbeitgeber erwägt, Massenentlassungen vorzunehmen. Es dürfen noch keine unumkehrbaren Maßnahmen getroffen und damit vollendete Tatsachen geschaffen worden sein (BAG v. 26.1.2017 – 6 AZR 442/16). Das Konsultationsverfahren ist vor Folgekündigungen noch einmal durchzuführen, wenn abermals ein Massenentlassungstatbestand vorliegt (BAG v. 22.9.2016 – 2 AZR 276/16). Der Arbeitgeber unterliegt im Konsultationsverfahren keinem Einigungszwang. Es soll nach BAG (a. a. O.) ausreichen, dass er mit dem ernstlichen Willen zur Einigung in die Verhandlungen mit dem Betriebsrat geht und gegebenenfalls bereit ist, dessen abweichende Vorschläge ins Kalkül zu ziehen und sich mit ihnen auseinanderzusetzen. Da der Arbeitgeber aber frei ist zu entscheiden, ob und zu welchem Zeitpunkt Massenentlassungen erfolgen sollen, kann über das Konsultationsverfahren keine mittelbare Kontrolle der unternehmerischen Entscheidung durchgesetzt werden (so die Rechtsprechung des BAG v. 26.10.2017 – 2 AZR 298/16).

Es gibt auch keine absolute **Verhandlungs(mindest)dauer**. Nach § 17 Abs. 3 Satz 3 KSchG muss der Arbeitgeber allerdings mindestens zwei Wochen nach der Unterrichtung des Betriebsrats warten, wenn er ohne Stellungnahme des Betriebsrats eine Massenentlassungsanzeige erstatten will. Das Risiko der Unwirksamkeit ausgesprochener Kündigungen lässt sich nur dann vermeiden, wenn das Konsultationsverfahren mindestens zwei Wochen vor Erstattung der Massenentlassungsanzeige ordnungsgemäß eingeleitet worden ist (BAG v. 9. 6. 2016 – 6 AZR 405/15). Allerdings soll der Arbeitgeber nach der letztgenannten BAG-Entscheidung dann den Ablauf der 2-Wochen-Frist nicht abwarten müssen, wenn der Betriebsrat eine abschließende Erklärung abgegeben hat, aus welcher hervorgeht, dass er sich für ausreichend unterrichtet hält und keine (weiteren) Vorschläge unterbreiten kann oder will und die 2-Wochen-Frist nicht ausschöpfen will.

Wirksamkeitsvoraussetzung

Die Durchführung eines ordnungsgemäßen Konsultationsverfahrens stellt neben dem Anzeigeerfordernis eine eigenständige Wirksamkeitsvoraussetzung für Kündigungen dar (BAG v. 21.3.2013 – 2 AZR 60/12). **Kündigt** der Arbeitgeber **ohne** oder **vor ordnungsgemäßem Abschluss** dieses **Konsultationsverfahrens,** so sind alle **Kündigungen rechtsunwirksam** (BAG v. 27.1.2022 – 6 AZR 155/21 [A]). Dies gilt auch im Konzernverbund. Hier darf eine strategische Entscheidung in der Konzernspitze erst dann umgesetzt werden, wenn in der betroffenen Tochtergesellschaft die Konsultationen mit dem dortigen Betriebsrat beendet sind; ansonsten führt das zur Unwirksamkeit der Kündigungen (EuGH v. 10. 9. 2009 – C-44/08).

Nach BAG (v. 21.5.2008 – 8 AZR 84/07) muss bei Betriebsänderungen i. S. des § 111 BetrVG keine Einigung über einen Interessenausgleich und/oder Sozialplan erzielt worden sein. Liegt aber ein Interessenausgleich vor, so ist damit auch die Beratungspflicht nach § 17 Abs. 2 Satz 2 KSchG erfüllt, wenn der Betriebsrat klar erkennen konnte, dass die stattgefundenen Beratungen auch der Erfüllung der Konsultationspflicht aus § 17 KSchG dienen sollten (BAG v. 26. 2. 2015 – 2 AZR 955/13 u. v. 9.6.2016 – 6 AZR 405/15).

Der Arbeitgeber muss der Agentur für Arbeit (AfA) nach **§ 17 Abs. 3 KSchG** nicht nur eine Abschrift der Mitteilung an den Betriebsrat zuleiten, sondern auch zugleich die daraufhin erfolgte **Stellungnahme des Betriebsrats**. Die Beifügung der Stellungnahme ist Wirksamkeitsvoraussetzung der Massenentlassungsanzeige (BAG v. 21.3.2013 – 2 AZR 60/12). Wird die Stellungnahme nicht vorgelegt, so sind in der Folge ausgesprochene Kündigungen unwirksam (BAG v. 14. 5. 2020 – 6 AZR 235/19).

Gemäß § 17 Abs. 3 Satz 3 KSchG kann eine Massenentlassungsanzeige allerdings auch dann wirksam erfolgen, wenn zwar **keine abschließende Stellungnahme des Betriebsrats** vorliegt und deshalb auch nicht beigefügt ist, der Arbeitgeber aber glaubhaft macht, dass er das Gremium mindestens zwei Wochen vor Erstattung der Anzeige nach § 17 Abs. 2 Satz 1 KSchG unterrichtet hat, und er gleichzeitig den Stand der Beratungen darlegt. Zwar ist der Arbeitgeber nicht verpflichtet, sämtliche Einzelheiten der Beratungen mit dem Betriebsrat zu schildern. Um dem Zweck des § 17 Abs. 3 Satz 2 und Satz 3 KSchG zu genügen (Dokumentation der Durchführung und gegebenenfalls des Ergebnisses des Konsultationsverfahrens) muss der Arbeitgeber aber insbesondere angeben, dass, wann und mit welchen Argumenten weitere Verhandlungen vom Betriebsrat abgelehnt worden sind. Ferner ist anzugeben, ob, wann und wie das Konsultationsverfahren für gescheitert erklärt worden ist (zu alledem s. BAG v. 14. 5. 2020 – 6 AZR 235/19).

Eine Massenentlassungsanzeige ist auch dann unwirksam, wenn der Arbeitgeber den Stand der Beratungen mit dem Betriebsrat in einer Weise **irreführend** darstellt, die geeignet ist, eine für ihn – den Arbeitgeber – günstige Entscheidung der Behörde zu erwirken (BAG v. 8.11.2022 – 6 AZR 15/22).

Eine gesonderte Stellungnahme ist im Übrigen dann nicht erforderlich, wenn ein **Interessenausgleich mit Namensliste** der zu Kündigenden beigefügt wird (s. § 1 Abs. 5 Satz 4 KSchG, so auch BAG v. 26.2.2015 – 2 AZR 955/13). Das gilt auch im Insolvenzfall (BAG v. 7.7.2011 – 6 AZR 248/10). Sind mehrere Betriebe von Entlassungen betroffen, so reicht auch ein mit dem Gesamtbetriebsrat abgeschlossener Interessenausgleich mit Namensliste (BAG, a. a. O.).

Nach § 17 Abs. 3 Satz 7 KSchG kann der Betriebsrat gegenüber der Agentur für Arbeit **weitere Stellungnahmen** abgeben. Von solchen muss er dem Arbeitgeber eine Abschrift zuleiten. Der Betriebsrat seinerseits muss von dem Arbeitgeber eine **Abschrift der Massenentlassungsanzeige** erhalten, § 17 Abs. 3 Satz 6 KSchG. Hat der Arbeitgeber letzteres unterlassen, so soll dies nach BAG (v. 8. 11. 2022 – 6 AZR 15/22) allerdings nicht die Unwirksamkeit von Kündigungen zur Folge haben.

Die o. g. Beteiligungsrechte des Betriebsrats bei Massenentlassungen dienen der Vermeidung nicht – oder zumindest nicht in diesem Umfange – erforderlicher Massenentlassungen sowohl im Interesse der Belegschaft als auch des allgemeinen Arbeitsmarktes. Die **Agenturen für Arbeit können** allerdings nur insoweit Einfluss auf die Entscheidung des Arbeitgebers nehmen, als sie bei Massenentlassungen entweder die in § 18 Abs. 1 KSchG vorgesehene **einmonatige Frist** für das frühestmögliche Wirksamwerden der Entlassungen **verkürzen oder** nach § 18 Abs. 2 KSchG auf längstens zwei Monate **verlängern** können.

Entlassungssperre hindert nicht Kündigungsausspruch

Von Bedeutung ist insoweit zu wissen, dass diese zeitliche **Entlassungssperre nach § 18 KSchG** den Ausspruch von Kündigungen während der Sperrzeiträume nicht **verhindert** oder sie unwirksam macht, sondern **nur** das **Wirksamwerden von Entlassungen**, also die tatsächliche Beendigung der Arbeitsverhältnisse. D. h. das Arbeitsverhältnis wird – bei Ablauf der vom Arbeitgeber gewählten Kündigungsfrist innerhalb der Sperrfrist – faktisch erst mit dem Ablauf der Sperrfrist beendet. So lange bleibt der Arbeitgeber zur Weiterbeschäftigung und Entgeltzahlung verpflichtet (BAG v. 18.9.2003 – 2 AZR 79/02). Die Sperrfrist verlängert also nicht die jeweils einzuhaltende Kündigungsfrist (BAG v. 6. 11. 2008 – 2 AZR 935/07).

Wann müssen Entlassungen angezeigt werden?

Die **Anzeigepflicht** besteht **für ordentliche Kündigungen,** wobei unerheblich ist, ob diese mit dringenden betrieblichen Erfordernissen oder aus personen- oder verhaltensbedingten Gründen erfolgen sollen. Für die Berechnung der Erreichung der Schwellenwerte (Anzahl der Entlassungen bei verschiedenen Betriebsgrößen, s. § 17 Abs. 1 Satz 1 KSchG) zählen auch Änderungskündigungen mit und zwar unabhängig davon, ob diese mit oder ohne Vorbehalt angenommen worden sind (BAG v. 20.2.2014 – 2 AZR 346/12). Ausgeschlossen sind bei der Betrachtung, ob die für Massenentlassungen nach § 17 Abs. 1 KSchG erforderlichen Zahlengrenzen überschritten werden, lediglich außerordentliche Kündigungen (s. § 17 Abs. 4 KSchG). Mit § 17 Abs. 1 Satz 2 KSchG ist klargestellt, dass auch **sonstige Beendigungen** (z. B. Eigenkündigungen, Aufhebungsverträge), wenn sie **vom Arbeitgeber veranlasst** wurden, den anzeigepflichtigen **Entlassungen gleichgestellt** sind (so zu Eigenkündigungen und Aufhebungsverträgen s. BAG v. 19.3.2015 – 8 AZR 119/14).

Die Anzeigepflicht hängt nach § 17 Abs. 1 KSchG von der Zahl der »in der Regel« im Betrieb beschäftigten Arbeitnehmer sowie der Anzahl der Entlassungen im Zeitraum von 30 Kalendertagen ab.

Zusammenrechnung von Entlassungen

Bei der Feststellung der Anzahl der Entlassenen sind **alle Entlassungen**, die **innerhalb von 30 Kalendertagen** erfolgen**, zusammenzuzählen.** Das gilt nach BAG (v. 20.1.2016 – 6 AZR 601/14) auch dann, wenn sie auf einem neuen eigenständigen Kündigungsentschluss beruhen. Sollen von einer Anzeige nicht erfasste Nachkündigungen erfolgen, hat eine Nachmeldung bei der Agentur für Arbeit zu erfolgen (BAG v. 20.1.2016 – 6 AZR 601/14). Überschreitet die Anzahl der innerhalb von 30 Tagen zu entlassenden Arbeitnehmer den jeweiligen Schwellenwert, so ist die Nachkündigung auch nur eines einzelnen Arbeitnehmers, die nicht von der Anzeige abgedeckt ist, unwirksam, wenn dafür keine vorherige eigenständige Massenentlassungsanzeige – auch in Form einer Nachmeldung – erfolgt ist (BAG, a. a. O.). Das Konsultationsverfahren ist im Übrigen vor Folgekündigungen stets dann noch einmal durchzuführen, wenn abermals ein Massenentlassungstatbestand vorliegt (BAG v. 22.9.2016 – 2 AZR 276/16).

Für die Ermittlung der **regelmäßigen Beschäftigtenzahl** ist grundsätzlich vom Belegschaftsstand zum Kündigungstermin auszugehen. Befristet Beschäftigte zählen bei der Ermittlung des Schwellenwerts mit (EuGH v. 11. 11. 2015 – C-422/14). Maßgeblich ist nicht die tatsächliche Beschäftigtenzahl zum Kündigungszeitpunkt, sondern die normale Beschäftigtenzahl des Betriebes. Abzustellen ist also auf diejenige Personalstärke, die für den Betrieb im Allgemeinen kennzeichnend ist. Hierzu bedarf es stets eines Rückblicks auf die bisherige Personalstärke und einer Einschätzung der künftigen Entwicklung. Zeiten außergewöhnlich hohen oder niedrigen Geschäftsanfalls sind nicht zu berücksichtigen. Bei einer **Betriebsstilllegung** entfällt die Zukunftsprognose (s. BAG v. 22.3.2001 – 8 AZR 565/00). Es kommt hier nur ein Rückblick auf die bisherige Belegschaftsstärke in Betracht. Im Stilllegungsfall ist auch bei einem sukzessiven Vorgehen des Arbeitgebers mit mehreren Entlassungswellen der Zeitpunkt maßgeblich, in dem zuletzt noch eine normale Betriebstätigkeit entfaltet wurde. Die durch die Entlassungen jeweils reduzierten Belegschaftsstärken können aufgrund der vorherigen Stilllegungsentscheidung nicht mehr kennzeichnend für die regelmäßige Beschäftigtenzahl sein. Sie sind nur noch Stufen der Auflösung des Betriebs. Etwas anderes gilt jedoch, wenn mehreren aufeinanderfolgenden Personalreduzierungsmaßnahmen kein einheitlicher Stilllegungsentschluss zugrunde liegt, sondern der endgültigen Stilllegung eine oder mehrere Betriebseinschränkungen voraus gingen. Wird der Betrieb zunächst mit entsprechend verminderter Belegschaftsstärke fortgeführt, wird diese zu der normalen, den Betrieb kennzeichnenden. Dafür ist kein bestimmter Mindestzeitraum erforderlich (zu alledem s. BAG v. 11.5.2023 – 6 AZR 157/22 [A]).

Keine Fehlerheilung durch Agentur für Arbeit

Wichtig zu wissen ist noch, dass Fehler des Arbeitgebers bei der Anzeige und Konsultation nicht dadurch geheilt werden, dass die Arbeitsverwaltung den Fehler nicht beanstandet hat (BAG v. 13.2.2020 – 6 AZR 146/19) und sich somit als ausreichend informiert betrachtet (EuGH v. 30.10.2025 – C-402/24). Dasselbe gilt für eine Bestätigung der Agentur für Arbeit, dass die Anzeige vollständig war und die Entlassungen wie angezeigt vorgenommen werden dürfen. Nach der BAG-Rechtsprechung (v. 21.3.2013 – 6 AZR 60/12) können sich gekündigte Arbeitnehmer im Kündigungsschutzprozess bei einem fehlerhaften Bescheid stets auf die Unwirksamkeit der Kündigung berufen (so auch BAG v. 26. 2. 2015 – 2 AZR 955/13).

Anhang Nr. 1: Grundbegriffe des Kündigungsrechts

1. Begriff, Form und Inhalt der Kündigung (allgemein)

Die **Kündigung** ist eine **einseitige Erklärung**. Sie muss zu ihrer Wirksamkeit von der anderen Partei nicht angenommen werden, sondern hängt allein vom Willen des Kündigenden ab. Dies unterscheidet sie von anderen Beendigungsgründen des Arbeitsverhältnisses wie dem Aufhebungsvertrag oder der von vornherein vereinbarten Befristung.

Nur die **Kündigung** des Arbeitgebers kann der Arbeitnehmer an Hand der Bestimmungen des Kündigungsschutzgesetzes gerichtlich überprüfen lassen. Aufhebungsverträge und zeitlich befristete Arbeitsverhältnisse bergen daher die Gefahr der Umgehung des Kündigungsschutzgesetzes. Auch alle besonderen Kündigungseinschränkungen, etwa für Schwangere oder für schwerbehinderte Menschen, greifen hier nicht.

Der **Inhalt** der Kündigung muss **eindeutig** den **Willen zur Beendigung des Arbeitsverhältnisses** erkennen lassen. Dafür ist die Verwendung des Begriffes »Kündigung« nicht unbedingt notwendig. Maßgeblich ist, wie der Empfänger die Erklärung zu verstehen hat.

Beispiele:

1. Teilt der Arbeitgeber nur schriftlich mit, er werde einem Verhalten nicht mehr länger zusehen, so kommt darin der Kündigungswille nicht klar zum Ausdruck.
2. Auch stellt es noch keine Kündigung dar, wenn der Arbeitgeber – ohne dazu arbeitsvertraglich durch sein Direktionsrecht befugt zu sein – eine andere Arbeit zuweist, Schichtdienst anordnet oder Verdienstkürzungen vornimmt. Verbindet er dies nicht mit einer Kündigung der alten Arbeitsbedingungen, so liegt hierin noch keine Änderungskündigung.

Es empfiehlt sich, in Zweifelsfällen nachzufragen, ob mit der Erklärung eine Kündigung gemeint war und sicherheitshalber Kündigungsschutzklage zu erheben.

Aus der Kündigungserklärung muss eindeutig hervorgehen, ob eine ordentliche oder eine außerordentliche Kündigung gewollt ist. Unklarheiten gehen zu Lasten des Arbeitgebers. Der Arbeitnehmer kann von der ihm günstigeren ordentlichen Kündigung ausgehen.

Unzulässig ist eine **Kündigung**, wenn sie **unter** einer **Bedingung** ausgesprochen wird, die nicht ausschließlich vom Willen des Erklärungsempfängers abhängt.

Wird etwa vom Arbeitgeber die Kündigung unter der Bedingung erklärt, dass keine weiteren Aufträge eingehen, so kann der Arbeitnehmer nicht feststellen, ob und wann er gekündigt ist, weil er den Auftragseingang nicht überblicken kann. Eine solche bedingte Kündigung ist daher unwirksam.

Wird hingegen die Wirksamkeit der Kündigung von einer Entscheidung des Kündigungsempfängers abhängig gemacht, so handelt es sich um eine zulässige Bedingung. Hauptbeispiel hierfür ist die als bedingte Kündigung ausgesprochene Änderungskündigung, bei der die Kündigung für den Fall wirksam sein soll, dass der Kündigungsempfänger das Änderungsangebot nicht annimmt (s. die Ausführungen unter 4.).

Von der bedingten Kündigung ist die **vorsorgliche Kündigung** zu unterscheiden. Hauptanwendungsfall hierfür ist die Erklärung einer ordentlichen Kündigung für den Fall, dass die außerordentliche Kündigung unwirksam ist. Eine solche Kündigungsform ist zulässig, weil der Kündigungsempfänger weiß, dass auf jeden Fall gekündigt wird und er darüber nicht in Unsicherheit gelassen wird (vgl. die Ausführungen unter 5.).

Eine Kündigung ist nach § 623 BGB nur dann wirksam, wenn sie **schriftlich** abgefasst wurde. Dies verlangt die **eigenhändige Original-Unterzeichnung durch** einen **Kündigungsberechtigten** auf der Kündigungserklärung. Eine Kopie, ein Fax oder eine E-Mail reichen nicht aus.

Grundsätzlich muss die Kündigung **keine Begründung** enthalten. Wichtige **Ausnahme** ist hier **§ 15 Abs. 3 BBiG**. Danach ist die schriftliche Angabe der Kündigungsgründe Wirksamkeitsvoraussetzung für eine außerordentliche Kündigung eines Berufsausbildungsverhältnisses nach beendeter Probezeit.

Bei der außerordentlichen Kündigung eines Arbeitsverhältnisses muss der Kündigende zwar gemäß **§ 626 Abs. 2 BGB** auf Verlangen des Gekündigten den Kündigungsgrund schriftlich mitteilen, dies ist aber keine Wirksamkeitsvoraussetzung.

Auch einige **Tarifverträge** schreiben eine Begründung vor, wobei jeweils zu prüfen ist, ob damit eine Wirksamkeitsvoraussetzung aufgestellt werden sollte.

Der Empfänger muss in der Lage sein, die Erklärung in ihrem Inhalt zu erfassen. Deshalb muss der Arbeitgeber dafür sorgen, dass einem **ausländischen Arbeitnehmer,** von dem er weiß, dass er die deutsche Sprache nicht ausreichend versteht, die Kündigungserklärung übersetzt wird.

Eine nicht oder falsch verstandene Kündigungserklärung ist aber wirksam, wenn der Erklärende nach den für ihn erkennbaren Umständen davon ausgehen durfte, dass der Empfänger sie richtig und vollständig versteht.

Die Kündigung entfaltet Rechtswirkungen erst, wenn sie dem Gekündigten zugeht.

Der **Zugang** der Kündigung ist insbesondere für den Beginn bestimmter Fristen entscheidend, wie z. B. der Kündigungsfristen bei ordentlicher Kündigung oder der Klagefrist für die Kündigungsschutzklage.

Eine Kündigung geht zu, wenn das Schriftstück mit der unterschriebenen Kündigungserklärung so in den Herrschaftsbereich des Empfängers gelangt, dass er unter normalen Verhältnissen von ihr Kenntnis nehmen kann. Dies ist in der Regel mit Einwurf des Kündigungsschreibens in den Briefkasten der Wohnung des Empfängers gegeben.

Auch im Urlaub findet dieser Grundsatz Anwendung. Nach der Rechtsprechung des BAG (v. 16.3.1988 – 7 AZR 587/87) gilt ein an die Heimatadresse des Arbeitnehmers gerichtetes Kündigungsschreiben auch dann als zugegangen, wenn der Arbeitnehmer verreist und dies dem Arbeitgeber bekannt ist. Versäumt der Arbeitnehmer allerdings aufgrund seiner urlaubsbedingten Abwesenheit die 3-Wochen-Frist für die Erhebung der Kündigungsschutzklage, so ist die Klage – auf einen unverzüglich nach Urlaubsrückkehr gestellten entsprechenden Antrag hin – gemäß § 5 KSchG nachträglich gerichtlich zuzulassen.

Erhebt der Arbeitnehmer nicht **innerhalb von drei Wochen** nach Zugang der Kündigung vor dem Arbeitsgericht **Kündigungsschutzklage** gegen den Arbeitgeber und scheitert eine nachträgliche Klagezulassung, so gilt die Kündigung als von Anfang an wirksam, auch wenn sie eigentlich sozial ungerechtfertigt oder aus anderen Gründen rechtsunwirksam oder ein wichtiger Grund für die außerordentliche Kündigung fehlte (s. §§ 4, 7, 13 KSchG). Diese Wirkung tritt auch bei

Unkenntnis von der 3-Wochen-Frist ein. Erfolgte die Kündigung allerdings nur mündlich, in Kopieform, per Fax oder E-Mail, so kann der Unwirksamkeitsgrund der **nicht eingehaltenen Schriftform** auch noch **nach Ablauf** der **3-Wochen-Frist** gerichtlich eingeklagt werden.

Gemäß § 17 TzBfG muss auch innerhalb von drei Wochen nach Ablauf eines befristeten Vertrages Klage beim Arbeitsgericht erhoben werden, wenn geltend gemacht wird, dass die **Befristung** eines Arbeitsvertrags rechtsunwirksam ist. Wie im Falle einer versäumten Kündigungsschutzklage kann die Unwirksamkeit einer Befristung auch nach Ablauf der 3-Wochen-Frist unter eng begrenzten Voraussetzungen entsprechend § 5 KSchG im Wege der nachträglichen Klagezulassung gerichtlich geltend gemacht werden.

2. Die ordentliche Kündigung

Bei der ordentlichen Kündigung liegt zwischen dem Zugang der Kündigungserklärung und der beabsichtigten Beendigung des Arbeitsverhältnisses eine **Kündigungsfrist**. Sie ist gesetzlich, tariflich oder einzelvertraglich geregelt. Die gesetzlichen Fristen gemäß § 622 BGB betragen mindestens vier Wochen (in der Probezeit zwei Wochen) und steigen für Kündigungen durch den Arbeitgeber mit zunehmender Beschäftigungsdauer an. Näheres ist im § 622 BGB nachzulesen. Tarifvertragliche Abweichungen sind zulässig, ebenso wie die einzelarbeitsvertragliche Bezugnahme auf solche tariflichen Kündigungsfristen. Einzelarbeitsvertraglich vereinbarte kürzere Fristen für arbeitgeberseitige Kündigungen – als in § 622 Abs. 2 BGB geregelt – sind unwirksam (BAG v. 29.1.2015 – 2 AZR 280/14).

Ob die vom Arbeitgeber gewählte **Kündigungsfrist** richtig **berechnet** worden ist, muss rückblickend ermittelt werden. Kündigt der Arbeitgeber z.B. – unter Anwendung der Grundkündigungsfrist des § 622 Abs. 1 BGB – zum 30. September, so muss die Kündigung dem Arbeitnehmer spätestens am 2. September zugegangen sein. Hat das Arbeitsverhältnis schon 10 Jahre bestanden, wird die einzuhaltende viermonatige Kündigungsfrist nur dann gewahrt, wenn spätestens am 31. Mai (Zugang) zum 30. September gekündigt wurde.

Fällt der jeweils rückzurechnende Zeitpunkt des Fristbeginns auf einen Samstag, Sonntag oder Feiertag, so muss die Kündigung spätestens an diesem Tag zugehen. Es reicht nicht aus, wenn sie erst am folgenden Werktag dem Empfänger zugeht.

Die Kündigungsfrist kann also auch an einem Samstag, Sonntag oder Feiertag beginnen und ablaufen.

Die ordentliche Kündigung durch den Arbeitgeber bedarf – bei Anwendbarkeit des Kündigungsschutzgesetzes – eines **Grundes**, der sie **sozial rechtfertigt**. Arbeitnehmern, die nicht unter das Kündigungsschutzgesetz fallen, weil ihr Arbeitsverhältnis noch nicht länger als sechs Monate besteht oder weil sie in einem Kleinunternehmen (s. § 23 Abs. 1 KSchG) arbeiten, kann ordentlich (d.h. unter Einhaltung der jeweiligen Kündigungsfrist) gekündigt werden, ohne dass hierzu ein bestimmter Kündigungsgrund vorliegen muss. Solche Kündigungen können nur angegriffen werden, wenn sie gesetzes-, treu- oder sittenwidrig sind oder der Betriebsrat nicht ordnungsgemäß angehört worden ist. Zu verlangen ist aber auch in diesen Fällen ein »Mindestmaß an sozialer Rücksichtnahme« (BAG v. 6.2.2003 – 2 AZR 672/01).

Bei **einzelnen Arbeitnehmergruppen** ist die **ordentliche Kündigung ausgeschlossen**:

- für Betriebs- und Personalratsmitglieder, Schwerbehindertenvertrauenspersonen, Jugend- und Auszubildendenvertreter, Wahlbewerber und Mitglieder von Wahlvorständen sowie für Wahlinitiatoren nach § 15 KSchG (Ausnahme: Bei Vorliegen einer Betriebsstilllegung, § 15 Abs. 4 und 5 KSchG);
- für Auszubildende nach Ende der Probezeit gemäß § 22 BBiG.

Viele **Tarifverträge** enthalten zum Schutz älterer Arbeitnehmer Bestimmungen, wonach ab einem bestimmten Lebensalter und einer bestimmten Betriebszugehörigkeit die ordentliche Kündigung ausgeschlossen oder eingeschränkt ist. Ist die ordentliche betriebsbedingte Kündigung ausgeschlossen, kommt allerdings eine außerordentliche Kündigung aus betrieblichen Gründen in Betracht, wenn es für den/die Betroffenen auf unabsehbare Zeit (mehrere Jahre) keinerlei Beschäftigungsmöglichkeit gibt, sei es auch zu geänderten Bedingungen und/oder nach entsprechender Umschulung. Dies muss der Arbeitgeber von sich aus darlegen und im Bestreitensfall auch beweisen können, und es muss dann auf jeden Fall eine der ordentlichen Kündigung entsprechende Auslauffrist eingehalten werden (BAG v. 26.3.2015 – 2 AZR 783/13).

Bei einzelnen Arbeitnehmergruppen sind die **ordentliche und** die **außerordentliche Kündigung ausgeschlossen bzw. eingeschränkt**:

- für Schwangere und Mütter während der Schutzfrist nach § 9 MuSchG;
- im Zusammenhang mit Elternzeit, § 18 BEEG;
- für schwerbehinderte Menschen und Gleichgestellte gemäß § 168 SGB IX.

Diesen Beschäftigten kann ausnahmsweise nur dann gekündigt werden, wenn die oberste **Landesbehörde** (§ 9 Abs. 3 MuSchG bzw. § 18 BEEG) oder das **Integrationsamt** (§§ 168 ff. SGB IX) zuvor der jeweiligen Kündigung **zugestimmt hat**. In der Elternzeit werden strenge Anforderungen gestellt. Das Vorliegen eines wichtigen Grundes i. S. des § 626 BGB reicht hier nicht aus (OVG Nordrhein-Westfalen, Beschluss v. 13.6.2013 – 12 A 1659/12). Eine mit behördlicher Zustimmung ausgesprochene Kündigung unterliegt genau wie jede andere Kündigung der nachträglichen Überprüfung durch die Arbeitsgerichte.

Bei schwerbehinderten Beschäftigten und ihnen gleichgestellten muss zusätzlich zur Zustimmung des Integrationsamts und der Beteiligung des Betriebsrats auch die **Schwerbehindertenvertretung** nach § 178 Abs. 2 Satz 1 SGB IX umfassend unterrichtet und angehört werden. Unterlässt ein Arbeitgeber dies, so ist schon deshalb die Kündigung unwirksam, s. § 178 Abs. 2 Satz 3 SGB IX. Nach der Rechtsprechung (s. BAG v. 13.12.2018 – 2 AZR 378/18) hat die Beteiligung entsprechend § 102 Abs. 1 und 2 BetrVG zu erfolgen; es gelten auch die dort genannten Fristen für die Stellungnahme der Schwerbehindertenvertretung. Deren Beteiligung muss vor Ausspruch der Kündigung abgeschlossen sein, kann aber nach der oben genannten BAG-Entscheidung auch erst erfolgen nach Einleitung des Beteiligungsverfahrens des Betriebsrats und dem Zustimmungsverfahren mit dem Integrationsamt. Die Unterrichtung des Arbeitgebers darf sich nicht nur auf »behinderungsspezifische« Dinge beschränken, sondern ist so umfassend wie gegenüber dem Betriebsrat (BAG, a. a. O).

Wurde einem Arbeitnehmer gekündigt und will er **gegen** diese **Kündigung** vorgehen, dann muss er **innerhalb von drei Wochen** nach Zugang der Kündigung beim Arbeitsgericht **klagen**. Der Arbeitnehmer macht mit seiner Klage geltend, dass die **Kündigung sozial ungerechtfertigt** ist und beantragt, »festzustellen, dass das Arbeitsverhältnis durch die Kündigung vom (Datum) nicht aufgelöst ist« (§ 4 KSchG).

Eine solche **Klage** können allerdings nur diejenigen Arbeitnehmer erheben, die folgende Voraussetzungen erfüllen:

- Sie müssen gemäß § 1 Abs. 1 KSchG **Arbeitnehmer** sein. Das sind Arbeiter und Angestellte, auch leitende Angestellte, sofern diese nicht sog. Angestellte in leitender Stellung im Sinne des § 14 Abs. 1 KSchG (d. h. Geschäftsführer einer GmbH, Vorstandsmitglieder einer AG, geschäftsführende Gesellschafter einer OHG oder KG) sind. Keine Arbeitnehmer sind die sog. arbeitnehmerähnlichen Personen, nämlich Heimarbeiter (§§ 1, 2, 29 HAG), selbstständige Handelsvertreter (§ 84 Abs. 1 HGB) und freie Mitarbeiter; diese Personengruppen können den allgemeinen Kündigungsschutz nicht in Anspruch nehmen.

- Sie dürfen gemäß § 23 Abs. 1 KSchG **nicht** in einem Unternehmen **mit** in der Regel **fünf oder weniger Arbeitnehmern** arbeiten. In Unternehmen mit bis zu **zehn Arbeitnehmern** haben ab dem 1.1.2004 **Neueingestellte** keinen Kündigungsschutz. Leiharbeitnehmer zählen mit, wenn mit ihnen ein regelmäßiger Beschäftigungsbedarf abgedeckt wird (BAG v. 24.1.2013 – 2 AZR 140/12). **Teilzeitbeschäftigte** zählen bei der Berechnung der erforderlichen Mindestarbeitnehmerzahl **nur anteilig**. Und zwar bei einer Arbeitszeit von nicht mehr als 20 Wochenstunden mit dem Faktor 0,5; bei einer regelmäßigen wöchentlichen Teilzeitarbeit von mehr als 20 Stunden bis hin zu 30 Stunden beträgt der anzusetzende Berechnungsfaktor 0,75. Teilzeitbeschäftigte mit mehr als 30 Wochenstunden zählen voll, also Faktor 1.
- Sie müssen gemäß § 1 Abs. 1 KSchG in demselben Betrieb oder Unternehmen ohne Unterbrechung **länger als sechs Monate** beschäftigt sein (sog. Wartezeit). Maßgeblich für die Berechnung der Frist ist nur das Bestehen des Arbeitsverhältnisses, nicht etwa die tatsächlich geleistete Arbeit. Ist zum Beispiel der erste Tag des Arbeitsverhältnisses der 15. Mai, so beginnt die Wartezeit am 15. Mai und endet mit Ablauf des 14. November. Dies gilt auch, wenn der 14. November ein Samstag, Sonntag oder Feiertag sein sollte (BAG v. 24.10.2013 – 2 AZR 1057/12). War der Arbeitnehmer zunächst befristet eingestellt (z.B. im Rahmen einer Arbeitsbeschaffungsmaßnahme oder eines befristeten Probearbeitsverhältnisses), so wird die vorausgegangene Vertragszeit dann auf die Wartezeit angerechnet, wenn der Arbeitnehmer unmittelbar nach Fristablauf unbefristet weiter beschäftigt wird. Auf die Wartezeit können generell nur dann Zeiten eines früheren Arbeitsverhältnisses angerechnet werden, wenn ein enger sachlicher Zusammenhang besteht. Dabei kommt es insbesondere auf den Anlass und die Dauer der Unterbrechung sowie die Art der Weiterbeschäftigung an. Je länger die Unterbrechung dauert, umso gewichtiger müssen die für einen sachlichen Zusammenhang sprechenden Umstände sein (BAG v. 20.8.1998 – 2 AZR 83/98). Bei einem Abstand von sieben Wochen ist in der Regel keine Zusammenrechnung möglich (BAG v. 22.5.2003 – 2 AZR 426/02).
- Job-sharing- und teilzeitbeschäftigte Arbeitnehmer erwerben ebenfalls nach sechsmonatigem ununterbrochenem Bestand des Arbeitsverhältnisses den allgemeinen Kündigungsschutz – unabhängig von dem Umfang und der Lage ihrer Arbeitszeit.
- Zeiten, während derer ein **Leiharbeitnehmer** in den Betrieb des Entleihers eingegliedert war, sind in einem späteren Arbeitsverhältnis zwischen ihm und dem Entleiher regelmäßig nicht auf die Wartezeit anzurechnen (BAG v. 20.2.2014 – 2 AZR 859/11).

Eine kurz vor Ablauf der Wartezeit ausgesprochene Kündigung unterliegt nur dann dem KSchG, wenn der Gekündigte besondere Umstände beweisen kann, welche die Treuwidrigkeit der Kündigung begründen (BAG v. 18.8.1982 – 7 AZR 437/80). Dies ist etwa dann der Fall, wenn die Kündigung kurz vor Ablauf der Wartezeit erfolgt, obwohl dies zur Wahrung der einzuhaltenden Kündigungsfrist zu dem Entlassungstermin nicht notwendig ist.

Sozial ungerechtfertigt und damit rechtsunwirksam ist jede Kündigung, die nicht auf einem der Gründe des § 1 Abs. 2 KSchG beruht; d. h. die weder personen-, noch verhaltens- oder betriebsbedingt ist. Bei betriebsbedingten Kündigungen muss weiter eine richtige Sozialauswahl nach § 1 Abs. 3 KSchG stattgefunden haben. Weiterbeschäftigungsmöglichkeiten – auch nach zumutbaren Qualifizierungsmaßnahmen – auf einem anderweitigen freien Arbeitsplatz sind bei allen Kündigungssachverhalten beachtlich und führen zur Unwirksamkeit von Kündigungen (s. BAG v. 7.2.1991 – 2 AZR 205/90). Es ist also zu überprüfen, ob es im Betrieb – oder bei Unternehmen mit zwei oder mehreren Betrieben auch dort – geeignete freie Arbeitsplätze gibt, auf denen das Beschäftigungsverhältnis aufrechterhalten werden kann, gegebenenfalls auch unter veränderten Bedingungen. Diese Kündigungsschranke gilt unabhängig davon, ob im Betrieb ein Betriebsrat besteht und ob dieser der Kündigung widersprochen hat (BAG v. 8.5.2014 – 2 AZR 1001/12).

Der Arbeitgeber hat diejenigen Tatsachen, auf die er die Kündigung stützt, zu beweisen.

2.1 Die personenbedingte Kündigung

Die Gründe für eine personenbedingte Kündigung betreffen die persönlichen Eigenschaften und Fähigkeiten des Arbeitnehmers und deren Folgen für seine Einsatzfähigkeit in dem vertraglich bestimmten Arbeitsbereich. Dieser Kündigungsgrund bezieht sich auf die mangelnde **fachliche, körperliche oder geistige Eignung** des Arbeitnehmers, die zu Minder- oder Schlechtleistungen führt. In der Person des Arbeitnehmers liegende Gründe, die eine Kündigung sozial rechtfertigen können, sind solche, die objektiv vorliegen, ohne dass dem Arbeitnehmer hierfür ein Vorwurf gemacht zu werden braucht (sonst liegen die Gründe im Verhalten des Arbeitnehmers; s. die Ausführungen unter 2.2).

Wichtigster Beispielsfall einer personenbedingten Kündigung ist die Kündigung wegen **krankheitsbedingter Fehlzeiten** des Arbeitnehmers. An die soziale Rechtfertigung einer solchen Kündigung sollen zwar »strenge Anforderungen«

gestellt werden (so die immer wiederkehrende Formulierung in Gerichtsentscheidungen), gleichwohl nimmt die Krankheitskündigung in der Bundesrepublik mit circa 30 Prozent der Kündigungen einen breiten Raum ein. Die folgenden drei Fallgruppen werden unterschieden:

- Kündigung wegen **langanhaltender Krankheit:** Der Arbeitnehmer ist im Zeitpunkt des Zugangs der Kündigung bereits seit längerem infolge einer Krankheit an der Arbeitsleistung gehindert. Das voraussichtliche Ende der Erkrankung ist nicht abzusehen, oder die Arbeitsunfähigkeit wird noch längere Zeit bestehen.
- Kündigung wegen **häufiger Kurzerkrankungen:** Der Arbeitnehmer hat in der Vergangenheit außerordentlich häufig wegen Krankheit gefehlt. Im Zeitpunkt der Kündigung ist anzunehmen, dass auch zukünftig mit krankheitsbedingten Fehlzeiten zu rechnen ist.
- Kündigung wegen **langedauernder krankheitsbedingter Unfähigkeit,** die vertragliche geschuldete Leistung zu erbringen. Völlige Ungewissheit der Wiederherstellung der Arbeitsfähigkeit soll ebenfalls für die soziale Rechtfertigung einer Kündigung ausreichen (s. BAG v. 21.5.1992 – 2 AZR 399/91).

Die Kündigung wegen langanhaltender oder häufig wiederkehrender Krankheiten ist nach der Rechtsprechung (s. z. B. BAG v. 29.7.1993 – 2 AZR 155/93) nur dann zulässig, wenn folgende Voraussetzungen vorliegen:

a) Zukunftsprognose

Auch in Zukunft muss mit erheblichen Ausfällen zu rechnen sein. Es reicht also nicht aus, dass lediglich in der Vergangenheit erhebliche Krankheitsfehlzeiten angefallen sind. Der Arbeitgeber muss prognostizieren, wie sich das Arbeitsverhältnis ohne die Kündigung entwickeln würde. Zum Kündigungszeitpunkt müssen objektive Tatsachen dafür vorliegen, dass der Arbeitnehmer auf längere oder nicht absehbare Zeit arbeitsunfähig krank bleibt oder auch weiterhin in erheblichem Umfang kurz erkranken wird.

b) Erhebliche Beeinträchtigungen

Die prognostizierten Fehlzeiten müssen zu erheblichen betrieblichen oder wirtschaftlichen Beeinträchtigungen führen. Als betriebliche Beeinträchtigungen werden insbesondere Produktionsausfall (z. B. durch Stillstand von Maschinen), Produktionsrückgang (z.B. wegen der Überlastung des verbliebenen Personals), nicht beschaffbares Ersatzpersonal oder Verlust von Kundenaufträgen verstanden. Zu den wirtschaftlichen Belastungen gehören neben den Einarbeitungs- und Mehrarbeitskosten für Ersatzkräfte vor allem außerordentlich hohe Entgeltfortzahlungskosten. Da die Kündigung keine Strafe für vergangene Fehlzeiten sein darf, sind nur solche Kosten bedeutsam, die in Zukunft – wegen der negativen Gesundheitsprognose – zu erwarten und pro Jahr jeweils für deutlich mehr als sechs Wochen aufzuwenden sind.

c) Umfassende Interessenabwägung

Die Kündigung ist nur dann sozial gerechtfertigt, wenn die Belastung des Arbeitgebers unzumutbar ist, wenn also seine Interessen diejenigen des Arbeitnehmers überwiegen. Sinn der Interessenabwägung ist es, in jedem einzelnen Fall herauszufinden, welches Maß an Betriebsbeeinträchtigung bzw. wirtschaftlicher Belastung der Arbeitgeber hinnehmen muss. Für keinen der beiden Bereiche gibt es pauschal festgelegte Grenzen. Zu berücksichtigen sind vor allem die folgenden Umstände: Lebensalter, Dauer der Betriebszugehörigkeit, Unterhaltspflichten des Arbeitnehmers, Ursache der Erkrankung (z.B. Berufskrankheit, Betriebsunfall, Unfall im privaten Bereich), Stellung im Betrieb (z.B. Schlüsselposition oder leicht ersetzbare Tätigkeit), Situation auf dem Arbeitsmarkt, Abwesenheitszeiten vergleichbar beschäftigter Arbeitnehmer, wirtschaftliche Situation des Unternehmens.

Wegen der erhöhten sozialen Schutzbedürftigkeit des erkrankten Arbeitnehmers ist an die Kündigung ein strenger Maßstab anzulegen. Infolgedessen ist es dem Arbeitgeber zuzumuten, die betrieblichen Beeinträchtigungen durch Überbrückungsmaßnahmen (z.B. Einstellung einer Aushilfskraft, vorübergehende Einführung von Mehrarbeit, zeitweilige Organisationsänderung im Arbeitsablauf) zu vermeiden. Wirtschaftliche Belastungen sind dem Arbeitgeber erhöht zumutbar, je länger das Arbeitsverhältnis ungestört bestanden hat. Im Übrigen hat der Arbeitgeber dann stärkere Beeinträchtigungen hinzunehmen, wenn die Arbeitsunfähigkeit auf betrieblichen Ursachen beruht.

Nach dem Grundsatz der Verhältnismäßigkeit ist der Arbeitgeber verpflichtet, dem kranken Arbeitnehmer zur Vermeidung einer Kündigung einen geeigneten, leidensgerechten freien Arbeitsplatz zuzuweisen. Er muss zwar den anderen Arbeitsplatz nicht »freikündigen«, aber überprüfen, ob er ihn im Rahmen seines Direktionsrechts (durch Um- oder Versetzung) »freimachen« kann (vgl. BAG v. 29.1.1997 – 2 AZR 9/96).

Betriebliches Eingliederungsmanagement – BEM

Liegen Krankheitszeiten von mehr als sechs Wochen pro Jahr vor, ist der Arbeitgeber verpflichtet, ein **betriebliches Eingliederungsmanagement** nach § 167 Abs. 2 SGB IX einzuleiten. Tut er dies nicht, ist allein deswegen eine ausgesprochene Kündigung noch nicht unwirksam (BAG v. 18.10.2017 – 10 AZR 47/17). Den Arbeitgeber trifft dann aber im Kündigungsschutzprozess eine erhöhte Darlegungs- und Beweislast dahingehend, dass die Kündigung auch nach ordnungsgemäß durchgeführtem Eingliederungsmanagement unvermeidbar gewesen wäre (BAG v. 23.4.2008 – 2 AZR 1012/06) und dass künftige Fehlzeiten ebenso wenig durch gesetzlich vorgesehene Hilfen oder Leistungen der Rehabilitationsträger in relevantem Umfang hätten vermieden werden können (BAG v. 20.11.2014 – 2 AZR 755/13).

2.2 Die verhaltensbedingte Kündigung

In dem Verhalten des Arbeitnehmers liegende Gründe, die eine Kündigung sozial rechtfertigen können, sind vor allem – in der Regel schuldhafte – Verletzungen der arbeitsvertraglichen Pflichten. Auch bei einer auf Fehlverhalten gestützten Kündigung kommt es auf eine **negative Zukunftsprognose** an. Die verhaltungsbedingte Kündigung ist keine Sanktion, sondern es müssen zukünftig zu erwartende Pflichtverletzungen die Weiterbeschäftigung unzumutbar machen (s. zu alledem BAG v. 21.1.1999 – 2 AZR 665/98). Liegt die Pflichtverletzung im **Leistungsbereich** (z.B. zu geringe oder schlechte Arbeitsleistung, Unpünktlichkeit, unentschuldigtes Fehlen, unbefugtes Verlassen des Arbeitsplatzes), so ist die Kündigung nur dann wirksam, wenn ihr eine **Abmahnung** vorausgegangen ist; d.h. dass der Arbeitgeber den Leistungsmangel deutlich und ernsthaft beanstandet und mit dem Hinweis verbunden haben muss, dass im Wiederholungsfall der Bestand des Arbeitsverhältnisses gefährdet sei. Das gilt grundsätzlich auch für außerordentliche Kündigungen (BAG v. 17.2.1994 – 2 AZR 616/93).

Auch bei Störungen im **Vertrauensbereich** bedarf es grundsätzlich einer vorherigen erfolglosen Abmahnung. Sogar bei Vermögensdelikten und schweren Pflichtverletzungen muss geprüft werden, ob nicht als milderes Mittel eine Abmahnung die angemessene Reaktion darstellt (BAG v. 10.6.2010 – 2 AZR 541/09).

Besteht ein Verdacht nicht vertragsgemäßen Verhaltens (insbesondere wenn strafbares Verhalten vorgeworfen wird), so ist die vorherige Anhörung des Arbeitnehmers Wirksamkeitsvoraussetzung einer **Verdachtskündigung** (BAG v. 24.5.2012 – 2 AZR 206/11). Verdachtskündigungen sind grundsätzlich nur dann zulässig, wenn die Tat – wäre sie erwiesen – so schwerwiegend ist, dass sie eine außerordentliche Kündigung rechtfertigen würde (BAG v. 21.11.2013 – 2 AZR 797/11).

2.3 Die betriebsbedingte Kündigung

Bei einer betriebsbedingten Kündigung müssen dringende betriebliche Erfordernisse einer Weiterbeschäftigung des Arbeitnehmers im Betrieb entgegenstehen. In Betracht kommen sowohl innerbetriebliche (z. B. Rationalisierung, Einführung neuer Arbeitsmethoden, Umstellung oder Verlagerung der Produktion, Stilllegung) als auch außerbetriebliche (z. B. Auftragsmangel, Umsatzrückgang, Absatzschwierigkeiten) Umstände. Diese müssen den Unternehmer zu einer Entscheidung (z. B. Einschränkung der Produktion) zwingen, die wiederum konkrete Auswirkungen auf die Einsatzmöglichkeiten des zu kündigenden Arbeitnehmers hat. Die Kündigung muss also wegen der Lage des Betriebes oder Unternehmens unvermeidbar sein. Der Arbeitgeber darf sich nicht auf schlagwortartige Umschreibungen beschränken (s. BAG v. 20. 2. 1986 – 2 AZR 212/85). Im Kündigungsschutzprozess hat das Arbeitsgericht auf entsprechendes Bestreiten des Arbeitnehmers zwar nachzuprüfen, ob die inner- oder außerbetrieblichen Faktoren tatsächlich vorliegen und ob sie sich dahin gehend auswirken, dass für die Weiterbeschäftigung des Arbeitnehmers kein Bedürfnis mehr besteht. Die unternehmerische Entscheidung selbst darf das Gericht jedoch nach der höchstrichterlichen Rechtsprechung nicht auf ihre Zweckmäßigkeit und Notwendigkeit hin überprüfen, da diese Entscheidung im freien Ermessen des Unternehmers stehe. Je näher die unternehmerische Organisationsentscheidung an den Kündigungsentschluss rückt oder mit diesem zusammenfällt, umso mehr muss der Arbeitgeber durch Tatsachenvortrag verdeutlichen, dass ein Beschäftigungsbedürfnis entfallen ist (BAG v. 26. 9. 2002 – 2 AZR 636/01).

Die Arbeitsgerichte haben darüber hinaus eine **Missbrauchskontrolle** im Hinblick darauf vorzunehmen, ob die Maßnahme offensichtlich unsachlich, unvernünftig oder willkürlich ist (s. BAG, a. a. O.). Auch bei der betriebsbedingten Kündigung sind die Besonderheiten des Einzelfalles bei der Interessenabwägung zu berücksichtigen. Ist aber die Kündigung an sich betriebsbedingt, so kann sich die Interessenabwägung nur in seltenen Ausnahmefällen zugunsten des Arbeitnehmers auswirken (s. BAG v. 30. 4. 1987 – 2 AZR 184/86).

Eine betriebsbedingte Kündigung ist gleichwohl sozial ungerechtfertigt und damit unwirksam, wenn der Arbeitgeber bei der Auswahl des zu kündigenden Arbeitnehmers soziale Gesichtspunkte nicht oder nicht ausreichend berücksichtigt hat (§ 1 Abs. 3 KSchG). In die **Sozialauswahl** sind nur Arbeitnehmer des jeweiligen Betriebes einzubeziehen, die nach objektiven, arbeitsplatzbezogenen Merkmalen miteinander verglichen werden können. Die entscheidenden Kriterien sind das Lebensalter, die Dauer der Betriebszugehörigkeit und die Unterhaltspflichten des Arbeitnehmers sowie das Vorliegen bzw. Nichtvorliegen einer Schwerbehinderung (s. § 1 Abs. 3 Satz 1 KSchG).

3. Die außerordentliche (fristlose) Kündigung

Eine **außerordentliche Kündigung** ist eine Kündigung, die das Arbeitsverhältnis vorzeitig und ohne Beachtung der sonst geltenden Kündigungsfristen beenden kann. Außerordentliche Kündigungen werden **in der Regel fristlos** erklärt. Der Kündigende kann aber auch bei einer außerordentlichen Kündigung eine gewisse **»Auslauffrist«** gewähren. Diese muss nicht der Frist für eine ordentliche Kündigung entsprechen, sondern kann kürzer sein. Ist eine ordentliche Kündigung durch Tarifvertrag ausgeschlossen, so kann außerordentlich mit einer der ordentlichen Kündigungsfrist entsprechender Auslauffrist im Falle einer Betriebsstilllegung gekündigt werden (s. BAG v. 28.3.1985 – 2 AZR 113/84). Dies soll nach BAG (v. 22.11.2012 – 2 AZR 673/11) unter engen Voraussetzungen auch beim Fortfall jedweder Beschäftigungsmöglichkeit nach einer Fremdvergabe von Tätigkeiten an ein Drittunternehmen gelten oder wenn auch zu geänderten Bedingungen und/oder nach Umschulungsmaßnahme keinerlei Beschäftigung möglich ist (BAG v. 26.3.2015 – 2 AZR 783/13).

Die außerordentliche Kündigung setzt einen **»wichtigen Grund«** voraus. § 626 Abs. 1 BGB enthält die gesetzliche Definition dieser Voraussetzung. Danach ist ein wichtiger Grund zur fristlosen Kündigung jeder Grund, der dem Kündigenden die **Fortsetzung** des **Arbeitsverhältnisses bis zum nächsten ordentlichen Kündigungstermin unzumutbar** macht.

Dabei darf das Verhalten des Arbeitgebers oder Arbeitnehmers nicht isoliert betrachtet werden, sondern nur im Zusammenhang mit der bisherigen Entwicklung des Arbeitsverhältnisses und den gesamten Umständen des Einzelfalles. **Absolute Gründe** für eine außerordentliche Kündigung **gibt es nicht**, weil es stets auf eine umfassende Interessenabwägung unter Berücksichtigung aller Umstände des Einzelfalles ankommt (BAG v. 10.6.2010 – 2 AZR 541/09).

Es ist in Einzel- oder Kollektivverträgen unzulässig, bestimmte Gründe als absolute Gründe für eine außerordentliche Kündigung zu vereinbaren, weil dies zu einer Umgehung des zwingenden Kündigungsschutzes führen würde.

Die außerordentliche Kündigung unterliegt – wie jede andere Kündigungsart – dem allgemeinen **Grundsatz der Verhältnismäßigkeit.** Sie kommt erst dann in Betracht, wenn alle anderen, nach den jeweiligen Umständen möglichen und beiden Seiten zumutbaren milderen Mittel (z. B. Abmahnung, Versetzung, einverständliche Abänderung des Vertrages, Änderungskündigung oder ordentliche Kündigung) erschöpft sind. Auch bei verschuldeten erheblichen Vertragsverletzungen, die häufig als Grund für die außerordentliche Kündigung angeführt werden, muss stets geprüft werden, ob nicht mildere angemessene Reaktionsmöglichkeiten bestehen.

Die Kündigung aus wichtigem Grund kann gemäß § 626 Abs. 2 BGB **nur innerhalb einer Frist von zwei Wochen** erfolgen. Diese Frist beginnt mit dem Zeitpunkt zu laufen, in dem der Kündigungsberechtigte zuverlässige und hinreichend vollständige Kenntnis von den einschlägigen Tatsachen erlangt hat (BAG v. 16. 7. 2015 – 2 AZR 85/15). Bei Anhaltspunkten für ein strafbares Verhalten kann der Aus- und Fortgang eines Ermittlungs- und Strafverfahrens abgewartet werden (BAG, a. a. O.). Eine Versäumung der 2-Wochen-Frist hat zur Folge, dass eine danach ausgesprochene außerordentliche Kündigung rechtsunwirksam ist. Diese Rechtsunwirksamkeit muss allerdings von dem gekündigten Arbeitnehmer innerhalb der 3-Wochen-Frist des § 4 KSchG durch die Erhebung einer Feststellungsklage gerichtlich geltend gemacht werden (s. BAG v. 6. 7. 1972 – 2 AZR 386/71).

Ein Verzicht auf das Recht zur außerordentlichen Kündigung kann darin liegen, dass trotz Kenntnis der Tatsachen ordentlich gekündigt oder der Kündigungsgrund »verziehen« wird.

4. Die Änderungskündigung

Mit der Änderungskündigung (s. § 2 KSchG) wird nicht die Auflösung des Arbeitsverhältnisses, sondern nur dessen Umgestaltung angestrebt. Die Beendigung des Arbeitsverhältnisses soll nur für den Fall erfolgen, dass eine Einigung zwischen den Vertragsparteien nicht möglich ist.

Im Arbeitsrecht herrscht der Grundsatz der Verhältnismäßigkeit. Danach muss ein Arbeitgeber vor Ausspruch einer Kündigung, die das Arbeitsverhältnis beenden soll, prüfen, ob nicht die Möglichkeit besteht, eine Kündigung auszusprechen, die das Arbeitsverhältnis lediglich ändern soll. Unterlässt der Arbeitgeber dies zu tun und hätte der Arbeitnehmer einer objektiv möglichen und für beide Seiten zumutbaren Vertragsänderung zugestimmt, so ist eine ausgesprochene Beendigungskündigung unwirksam (s. BAG v. 27. 9. 1984 – 2 AZR 62/83). Der Arbeitgeber muss sich darauf beschränken, nur solche Änderungen vorzuschlagen, die der Arbeitnehmer billigerweise hinnehmen muss. Die angebotenen Veränderungen dürfen sich nicht weiter vom bisherigen Inhalt des Arbeitsverhältnisses entfernen, als dies erforderlich ist, um das angestrebte Ziel zu erreichen (zu alledem s. BAG v. 18.5.2017 – 2 AZR 606/16).

In aller Regel ist die Änderungskündigung eine ordentliche Kündigung. Nur in seltenen Ausnahmefällen kann sie als außerordentliche Kündigung erfolgen, nämlich dann, wenn die alsbaldige Änderung der Arbeitsbedingungen unabweisbar notwendig ist und die neuen Bedingungen für den Arbeitnehmer zumutbar sind.

Die Änderungskündigung kommt in **zwei Formen** vor:
- Ganz überwiegend ist die Form der **bedingten Kündigung**. Die Kündigung wird hier unter der Bedingung erklärt, dass der Arbeitnehmer die angebotene Vertragsänderung nicht annimmt. Ist er aber damit einverstanden, kommt eine einvernehmliche Vertragsänderung zwischen Arbeitgeber und Arbeitnehmer zustande.
- Die – nur selten vorkommende – **unbedingte Änderungskündigung** wird in der Weise erklärt, dass das Arbeitsverhältnis insgesamt (d.h. nicht nur der zu ändernde Teil – das wäre eine unzulässige Teilkündigung) gekündigt wird. Mit dieser Kündigung wird das Angebot verbunden, einen neuen Vertrag mit geändertem Inhalt abzuschließen.

Auf eine Änderungskündigung kann der Arbeitnehmer in **dreifacher Weise reagieren:**
- Er nimmt die ihm angebotene Veränderung an. Dann besteht das Arbeitsverhältnis zu den neuen Bedingungen fort.
- Er lässt sich überhaupt nicht auf die Änderung der Vertragsbedingungen ein und lehnt die Änderung entweder ausdrücklich ab oder erklärt die Annahme unter Überprüfungsvorbehalt nicht innerhalb der Kündigungsfrist oder spätestens innerhalb von drei Wochen nach Kündigungszugang (§ 2 Satz 2 KSchG). Dann hat sich das Änderungsangebot des Arbeitgebers erledigt. Übrig bleibt eine Beendigungskündigung, welche innerhalb der allgemeinen Klagefrist von drei Wochen gemäß § 4 KSchG gerichtlich anzugreifen ist. Im Ergebnis wird durch das Urteil des Arbeitsgerichtes das bisherige Arbeitsverhältnis mit den alten Bedingungen bestätigt oder es wird festgestellt, dass das Arbeitsverhältnis durch die Kündigung aufgelöst worden ist.
- Er nimmt die angebotene Vertragsänderung gemäß § 2 KSchG innerhalb der Kündigungsfrist (spätestens innerhalb von drei Wochen nach Zugang der Kündigung) unter dem **Vorbehalt** an, dass die Änderung nicht sozial gerechtfertigt ist, d.h. er arbeitet zunächst unter den geänderten Bedingungen weiter und lässt in der Zwischenzeit durch das Arbeitsgericht klären, ob die

Änderung der Arbeitsbedingungen sozial gerechtfertigt ist. Die dreiwöchige Klagefrist des § 4 KSchG ist auch hier zu beachten, ansonsten erlischt der Vorbehalt. Ergebnis des gerichtlichen Verfahrens kann die Feststellung sein, dass das Arbeitsverhältnis entweder mit den alten Bedingungen oder aber mit den neuen geänderten Bedingungen weiterbesteht. Überprüfungsgegenstand ist die soziale Rechtfertigung der vom Arbeitgeber beabsichtigten Änderung der Vertragsbedingungen, also ob z. B. dringende betriebliche Erfordernisse für die Änderung vorliegen.

5. Verbindung verschiedener Kündigungsarten und -gründe

Es kann neben einer **außerordentlichen** Kündigung **hilfsweise** die **ordentliche** Kündigung erklärt werden für den Fall, dass die außerordentliche unwirksam sein sollte. Hier muss sich der Arbeitnehmer ausdrücklich auch gegen die hilfsweise erklärte ordentliche Kündigung wenden. Hat der Arbeitnehmer zunächst fristgemäß nur gegen die außerordentliche Kündigung Kündigungsschutzklage erhoben, so kann er nach § 6 KSchG bis zum Schluss der mündlichen Verhandlung vor dem Arbeitsgericht – also noch in der ersten Instanz – erklären, auch die hilfsweise ordentliche Kündigung angreifen zu wollen. Ansonsten wird die ordentliche Kündigung wegen Versäumnis der 3-Wochen-Frist wirksam.

Eine Kündigung kann auf auch **mehrere** – voneinander unabhängige – **Kündigungssachverhalte** gestützt werden. Beispielsweise können für eine verhaltensbedingte Kündigung mehrere unterschiedliche Pflichtverletzungen angeführt werden.

Es ist auch möglich, eine Kündigung auf die Behauptung eines strafbaren Verhaltens zu stützen und hilfsweise auf den bloßen Verdacht dieses strafbaren Verhaltens.

Auch hier muss sich der Arbeitnehmer gegen jeden einzelnen aufgeführten Kündigungsgrund zur Wehr setzen.

Schließlich können auch immer wieder neue Kündigungen ausgesprochen werden. Kündigt der Arbeitgeber dem Arbeitnehmer unter Berufung auf dieselben Gründe, die schon einer früheren vom Arbeitnehmer erfolgreich angegriffenen Kündigung (eine positive rechtskräftige Gerichtsentscheidung liegt vor) zugrunde lagen (sog. **Trotz- oder Wiederholungskündigung**), so muss der Arbeitnehmer auch diese Kündigung innerhalb der 3-Wochen-Frist angreifen, wenn er verhindern will, dass sie wirksam wird (s. BAG v. 26.8.1993 – 2 AZR 159/93). Allerdings wird das gegen die wiederholte Kündigung angerufene Arbeitsgericht der Kündigungsschutzklage ohne weitere neue Nachprüfung stattgeben (s. BAG v. 26.8.1993, a. a. O.).

6. Der Wiedereinstellungsanspruch

Die Wirksamkeit einer Kündigung beurteilt sich nach den Verhältnissen zum Zeitpunkt des Zugangs der Kündigung. Ändert sich danach die Sach- oder Rechtslage, so folgt hieraus noch kein Anspruch auf Fortsetzung des Arbeitsverhältnisses. Die Wiedereinstellung kann nur dann verlangt werden, wenn sich der **Kündigungssachverhalt** noch während des Laufs der **Kündigungsfrist** geändert hat. (BAG v. 28.6.2000 – 7 AZR 904/98).

Bestand z.B. im Zeitpunkt des Kündigungsausspruchs eine Betriebsstilllegungsabsicht des Arbeitgebers und entschließt er sich noch innerhalb der Kündigungsfrist, den **Betrieb** selbst **fortzuführen** oder zu veräußern, so ist er bzw. der Betriebsübernehmer verpflichtet, die Entlassenen zu alten Konditionen wiedereinzustellen. Dies gilt jedenfalls dann, wenn noch keine anderweitigen Dispositionen getroffen worden sind und die Fortsetzung des Arbeitsverhältnisses zumutbar ist (BAG v. 4.12.1997 – 2 AZR 140/97). Der Anspruch muss unverzüglich nach Kenntniserlangung vom Betriebsübergang gegenüber dem Erwerber geltend gemacht werden (BAG v. 12.11.1998 – 8 AZR 265/97). Erfolgte ein Betriebsübergang nach Eröffnung eines Insolvenzverfahrens, soll nach BAG (v. 13. 5.2004 – 8 AZR 198/03) kein Wiedereinstellungsanspruch gegeben sein.

Nach einem Urteil des BAG v. 17.6.1999 – 2 AZR 633/98 – ist sogar bei einer **krankheitsbedingten Kündigung** dann ein Wiedereinstellungsanspruch gegeben, wenn noch innerhalb der Kündigungsfrist die negative Prognose hinsichtlich weiterer krankheitsbedingter Fehlzeiten durch eine **positive Zukunftsprognose** ersetzt werden kann.

Bei einer **Verdachtskündigung** kann die Wiedereinstellung verlangt werden, wenn sich später die **Unschuld** des Verdächtigten herausstellt (BAG v. 20. 8. 1997 – 2 AZR 620/96). Das gilt sogar dann, wenn bereits die Kündigungsfrist abgelaufen war oder nach Zugang einer fristlosen Kündigung (Däubler/Deinert, Einleitung, Rn. 362).

Anhang Nr. 2: Ablaufplan der Beteiligung des Betriebsrats im Verfahren nach § 102 BetrVG

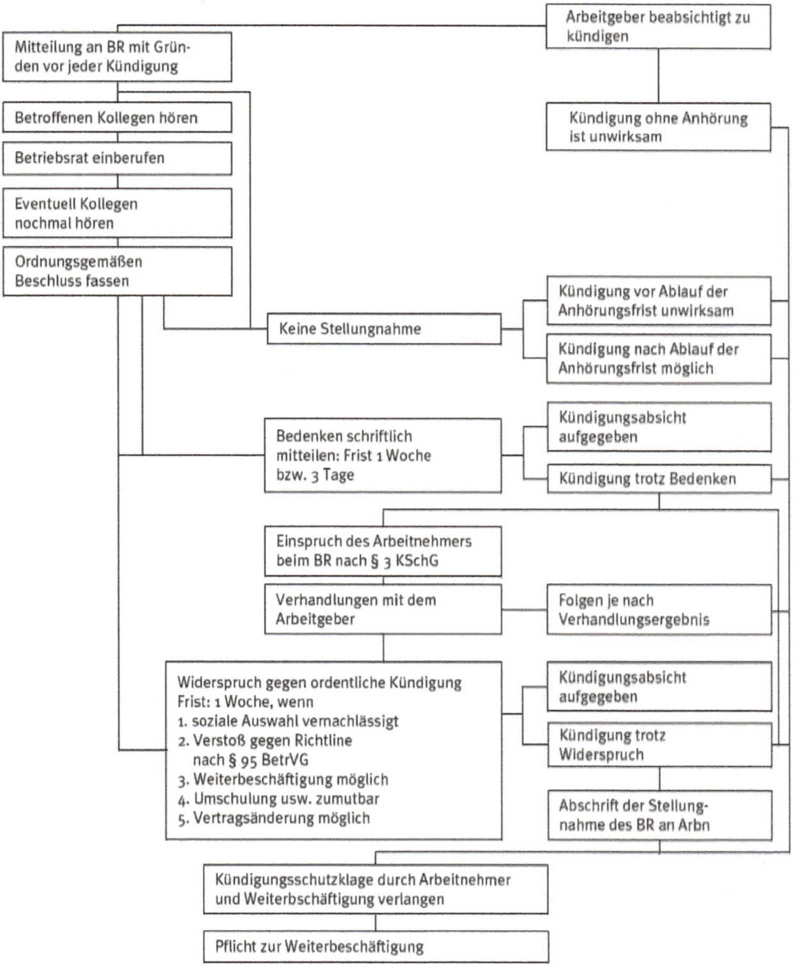

Stichwortverzeichnis